1일
1줄 일기

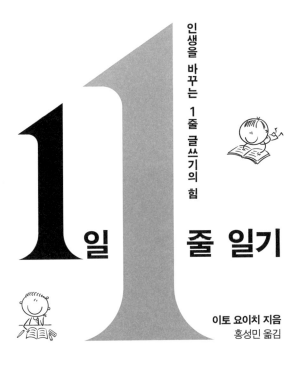

인생을 바꾸는 1줄 글쓰기의 힘

1일 1줄 일기

이토 요이치 지음

홍성민 옮김

서울문화사

사람은 누구나 '이대로 머무르고 싶지 않다', '이렇게 되었으면 좋겠다', '더 성장하고 싶다'는 생각을 가지고 있다. 인생이나 일에서는 물론, 다이어트, 운동, 공부를 하면서도 '이렇게 되고 싶다', '이렇게 하고 싶다'는 기분이 든다. 또한 그 이전에 '애당초 내가 하고 싶은 건 무엇일까' 하고 고민하기도 한다.

하지만 달라지고 싶어도 계기가 쉽사리 생기지 않는다. 인생을 크게 바꿀 만한 일은 쉽게 일어나지 않는다. 매일 허둥지둥 보내다 정신을 차려보니 1년이 지나 있는 경우도 있다.

그러나 걱정하지 않아도 된다. 내가 단언하는데, 인생을 바꿀 만한 극적인 사건이 일어나지 않더라도 매일의 생활 속에

- 성장하기 위해서 필요한 것
- 자신이 해야 할 일·하고 싶은 일을 발견하기 위한 힌트

는 얼마든지 있다. 이 책에서는 이를 찾기 위해 내가 실천하고 있는 '1줄 일기'를 소개한다.

방법은 간단하다. 매일 1줄, 머릿속에 떠오른 일을 쓰면 된다. 노트, 애플리케이션, 캘린더, 어디에 쓰든 상관없다.

'정말 효과가 있을까?' 하는 의심이 들 수도 있는데, 1줄 일기로 하루를 돌아보면,

- 일을 잘할 수 있게 된다
- 자신에 대해 알게 된다
- 자신감이 생긴다
- 자존감이 높아진다
- 나아갈 방향이 보인다

등등, 큰 효과를 기대할 수 있다.

나는 1줄 일기로 하루를 돌아보게 된 후부터 성장 속도가 크게 빨라졌다. 돌아보기를 습관화한 덕에 50대인 지금도 꾸준히 성장해 하고 싶은 일에 도전하고 있다.

그 비법을 이 책에서 최초로 공개한다.

1줄 일기의 전체적 흐름

쓰기

| 한 일 | 책상 주변을 정리했다. |

→ 오늘 한 일을 1줄로 쓴다.

돌아보기

| 자신에게 어떤 의미가 있나?
So What? | 불필요한 물건들에
둘러싸여 있었던 것 같다……. |

→ 한 일·일어난 일이 자신에게 어떤 의미가 있는지 생각한다.

| 그거야!
깨달은 것
Aha! | 불필요한 물건들이 많으면
필요한 것에 집중할 수 없다는
사실을 깨달았다. |

→ 거기서 깨달은 것이 무엇인지 생각한다. 자연스럽게 깨닫는 것이 가장 좋다.

| 해보자
Action | 자주 정리하자. |

→ 다음에 해야 할 일을 찾았으면 행동하자.

| 인생을 후회 없이 살고 싶은
독자들에게

요전 날, 오랜만에 요코하마 거리를 걸었다. 문득 20년 전 기억
이 떠올랐다. 당시 요코하마 역 근처 은행에서 5년간 근무했을
때의 풍경이다.

　매일 양복 차림으로 이 거리를 지났지. 이 가게, 아직도 있네. 그
런 생각을 떠올리다 보니 왠지 모르게 신기하다는 느낌이 들었다.
건물과 항구의 풍경은 크게 변한 것이 없는데 눈에 비치는 거리는
그때와 완전히 달랐다.

　당시 나는 은행에 다니면서도 자신이 무얼 하고 싶은지 몰랐
고, 일을 해도 보람을 느끼지 못했다. 그렇게 앞이 보이지 않는
불투명한 매일을 보냈다. 기억 속 요코하마는 더 어두운 인상이
었다.

그런데 53세가 된 지금은 시야에 들어오는 것들이 온통 밝게 보인다. '전에도 이런 가게가 있었나? 살짝 들여다볼까?', '이런 게 유행하는구나' 하고 안테나에 정보가 삐릿삐릿 선달되는 느낌이다.

같은 거리인데 왜 다르게 보일까. 그 이유 중 하나는 컨디션 때문일 것이다. 일이 잘 풀리지 않을 때는 거리의 풍경도 다르게 보인다. 그걸 깨달았다.

그리고 보다 더 큰 이유는 세상의 모든 일과 현상을 탐욕스럽게 받아들여 자신이 성장하는 양식으로 삼고 싶기 때문이다. 아니, 사고방식이 그렇게 바뀌었기 때문에 힘든 상태에서 벗어날 수 있었고 일도 잘할 수 있게 되었다.

25년 전의 나는 인생을 '방관자'처럼 살았다. 일은 회사의 어떤 잘난 인간이 규칙을 정해놓고 위에서 지시를 내리는 작업이라 생각했고, 텔레비전에서 비참한 뉴스를 봐도 큰일 났다고 느낄 뿐, 나와는 관계없는 일이라 여겼다.

그런데 지금은 누군가의 지시에 휘둘리지 않고 일도 규칙도 스스로 만드는 것이라고 생각하게 되었다. 나의 평생을 걸고 하고 싶은 일을 찾을 수 있었고, 매일 최선을 다했다고 만족할 정도로 열심히 일하며 호기심의 안테나를 사방으로 뻗어 적극적으로 생활하고 있다.

매일 일어나는 일에서 배우지 않으면
죽은 것이나 다름없다

나는 성장이 빠르지 않다. 오히려 느린 부류에 속한다. 은행에
입사한 건 좋았지만, 어떻게 성과를 내야 할지 모른 채 승승장구
하는 동기를 곁눈질하며 정신적으로 힘들어 출근하는 것 자체
가 고통스럽던 시기도 있었다.

　그때 든 생각이 매일 일어나는 일에서 조금이라도 배우지 않
으면 '죽은 것이나 다름없다'였다.

　우리는 매일 다양한 일을 경험한다. 아침에 일어나 가족과 이
야기를 나누고, 출퇴근 시간 지하철에서 광고를 보고, 동료와 미

팅을 하고, 식사를 하고, 책이나 인터넷 기사를 읽고, 텔레비전과 동영상을 본다.

이런 일상은 의식하지 않으면 눈앞을 스쳐 가 망각의 바다로 사라진다. 나는 그런 일에서도 아무튼 배우자고 생각했다. 남보다 성장이 느리면 똑같은 24시간 동안 일어난 일에서 가능한 한 많은 것을 배워 스스로를 바꿔나가지 않으면 일로 세상에 공헌할 수 없다고 생각했다.

그래서 시작한 것이 '1줄 일기'다.

방법은 간단하다. 매일 딱 1줄, 일기를 쓰고 하루를 돌아보는 습관을 갖는 것. 이것이 전부다.

1줄 일기로 하루를 돌아보고 나니 가장 먼저 일의 질이 달라졌다. 하고 싶은 것이 명확해졌고 진심으로 납득해 스스로가 믿는 길을 갈 수 있게 되었다. 매일 하루를 돌아보고 자신과의 대화를 반복하면서 자기를 이해할 수 있게 되었고 자존감이 생겼다.

나는 학생 때 밴드 활동을 했는데 라이브 공연 후에는 꼭 자기혐오에 빠지곤 했다. 라이브를 잘했던 못했던, 공연을 보러 와준 친구가 칭찬해주던 상관없다. 그 코드를 실수했다, 이건 이런 식으로 했어야 했다. 이런 반성들로 자기혐오에 빠져버린다.

일에서도 마찬가지다. 뭔가 행동을 한 뒤에는 대개 우울해진다. 나의 성격도 원인 중 하나지만, 일에서 후회 없이 말끔히 끝내는 경우가 없기도 하다. 머릿속에 많은 정보들이 뒤섞여 있기 때문이다.

1줄 일기로 하루를 돌아보면 생각이 정리되어 그 우울한 감정에서 벗어날 수 있다. 그리고 거북이걸음이더라도 조금씩 성장할 수 있다.

만일 지금 하고 싶은 것이 없다면.

자신은 이럴 리 없다고 생각한다면.

'저렇게 되고 싶다'고 부러움을 느끼는 사람이 있다면.

지금이 기회다.

현재에 만족하지 못하는 것은 자신을 돌아볼 수 있는 가장 큰 힘이 된다. 누구에게나 하루 24시간어치 분량의 성장의 양식이 주위에 뒹굴고 있다. 집 안에 있든 밖에 있든 그것이 하나도 없는 경우는 없다.

신경 쓰이는 것, 설레는 것, 부러운 것. 하나하나 소중히 주워서 도망치지 말고 돌아보는 것. 이를 통해 깨달음을 얻는다.

그 횟수가 사람의 성장을 결정한다.

최근 10년간 시행착오를 거듭해 겨우 '돌아보기의 틀'을 완성했다. 40대에 입학해 지금은 교편을 잡고 있는 글로비스 경영대학원에서 배운 문제 해결 기법과 학장을 맡고 있는 Yahoo!아카데미아(야후재팬의 기업 내 대학 - 옮긴이)에서의 리더 개발 일을 통해 '틀'을 진화시켰다.

이 틀로 돌아보기를 지속하니 50대가 된 지금도 자신이 성장하는 것을 실감하고 있다. 새로운 영역에서 하고 싶은 일에 마음껏 도전하고 있다.

20대부터 나를 둘러싼 세계가 크게 달라진 것은 아니다. 하지만 하루를 돌아보는 습관을 가지고 모든 것에서 배움을 얻으니 세상을 보는 방식이 바뀌었다.

매일 단 1줄, 일기를 써보자. 그것이 자신을 성장시키는 엔진이 된다. 여러분도 이 무기를 손에 넣어 더욱 크게 성장하기 바란다.

이토 요이치

스마트폰, 노트, 수첩, 캘린더로도 쓸 수 있다.

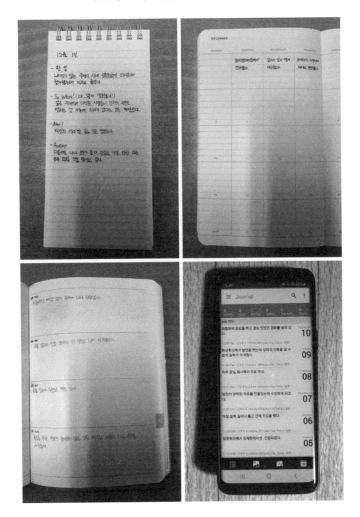

차례

1장

왜 일기를 써서 돌아보면
'자신이 해야 할 일'이
보일까

왜 매일 일기를 써서
하루를 돌아볼까

매일 밤, 일기를 쓰고 산책을 하고 명상을 하는 것이 나의 일과다. 이것들은 아무리 바빠도 반드시 하는 일이다.

성장을 하는 데 반드시 필요한 것이 바로 '돌아보기'다. 그 외에는 필요 없다고 할 만큼 중요하다.

가령, 테니스 등의 스포츠 경기에 출전해 승패의 여부만으로 끝내는 사람과 매번 그 시합을 돌아보며 '이번에는 이 방식이 먹히지 않았으니 다음에는 이렇게 해보자'라는 깨달음을 얻고 고쳐나가는 습관이 있는 사람, 둘 중 어느 쪽의 실력이 빠르게 향상될까. 당연히 후자다. 돌아보고 깨닫고 그것을 행동으로 옮기는 사람은 빠르게 성장한다.

일이나 배움도 마찬가지다. 돌아보는 것으로 많은 깨달음을 얻고 그것을 다음 기회에 활용하는 선순환을 의식적으로 행하는 사람은 빠르게 성장한다.

Yahoo!아카데미아와 글로비스 경영대학원에서도 돌아보기를 장려한다. 이런 사회인 대상 학교에서 중요한 것은 기술보다 '돌아보기의 습관화'라고 생각한다. 수업을 듣고 우직하게 돌아보기를 하면서 '장래에는 이렇게 되어야 한다'고 깨닫는 사람은 전체의 10% 정도다. 그런 사람은 결과를 내는 경우가 많다.

반면에 돌아보기 습관이 들지 않은 사람 중에는 '기술을 배웠는데도 어떻게 해야 할지 모르겠다'는 사람도 있다.

똑같은 경험을 해도 돌아보기를 하면 '배움'과 '성장'이 크게 달라진다.

결국, 사람의 성장을 결정하는 것은 선천적인 성질이 아니라 매일 일어나는 다양한 일에서 얼마나 많은 깨달음을 얻을 수 있나, 그 횟수를 늘릴 수 있느냐에 달려 있다.

본론에서 조금 벗어난 이야기지만, 이 책을 읽고 있는 독자는 자신을 바꾸고 싶다고 생각하고 있지 않을까.

사람이 달라질 때는 뭔가 큰일이 계기가 된다. 나도 인생을 돌아보면 인생의 전환점이 된 큰일이 몇 가지 있었다.

하나는 동일본 대지진이다. 2011년 3월 11일 14시 46분, 나는 플러스(일본의 종합사무용품회사 – 옮긴이)의 히가시이케부쿠로 사무실에서 일하고 있었다. 지진이 일어났을 때, 엄청난 흔들림과 동시에 책장이며 화분이 연달아 쓰러져 이대로 건물이 무너져버리는 게 아닐까, 죽는 게 아닐까 두려웠다.

플러스에서는 사무용품 유통 업무를 담당했기 때문에 흔들림이 잦아들자 그날 출하하지 못한 주문을 처리했다. 그 후 긴급 복구팀을 만들어 도호쿠에 물자를 보내는 체제를 갖췄다. 며칠간 어떤 일을 했고, 누구에게 메일을 보내 어떤 지시를 했는지 세부적인 것까지 머릿속에서 재현할 수 있다. 잊지 못할 만큼 충격적인 일이었다. 그 일을 계기로 내가 목표로 해야 할 리더의 모습을 그릴 수 있게 되었다.

이런 식으로 인생을 바꿀 만한 충격적인 일은 누구에게나 일어난다. 그러나 그것을 성장을 위한 유일한 계기로 삼을 수는 없다. 물론 그러한 일이 결과적으로 성장의 계기가 되기는 하지만 '충격적인 일이 일어나기를 바라면서 사는 것'은 어딘지 이상하다.

그럼 어떻게 해야 할까. 우선, 비일상적인 상황에 자신을 두어보자. 낯선 장소에 가보거나 해본 적 없는 일에 도전하는 것이 효과적이다.

그리고 또 하나, '비일상적인 경험'과 마찬가지로 중요한 것이 매일의 돌아보기다.

그날 일어난 일을 하나하나 떠올려서 자신에게 어떤 의미가 있는지 생각하고 깨달음을 얻는다. 그리고 그 깨달음을 실행한다. 이를 지속하면 알 수 있는 사실이지만, 일상에서 일어나는 일에서도 다양한 깨달음을 얻을 수 있다. 그리고 그 과정을 반복하면 인생을 바꾸는 큰일처럼 자신에게 새롭고 커다란 의미가 생긴다.

예컨대, '온라인 화상회의 때 방의 조명 하나로 상대의 인상이 달라 보였다'는 사실도 깨달음이다. '형광등과 백열등에 따라 이렇게나 달라 보이는구나', '다음에는 백열등 조명을 써보자'

고 생각했다면 다음 화상회의 때 바로 시도해본다.

화상회의를 하는 1시간 동안을 멍하니 보낼 수도 있지만, 의식을 조금만 바꿔도 많은 깨달음을 얻을 수 있다. 화상회의에서는 전달 방식을 바꾸는 것이 좋지 않을까?, 표정을 크게 해야 상대가 말하기 쉬울 것이다 등, 한두 개의 깨달음으로는 큰 변화가 없을지 모른다. 그러나 그것이 100개가 되면 '화상회의도 대면회의처럼 설득력이 있다'는 평가를 받을 만큼 성장할 수 있다.

바꿔 말하면, 성장이 빠른 사람은 남들과 똑같은 경험을 해도 깨닫는 것이 많고, 시간을 더욱 농밀하게 사용한다.

왜 '기록'이 중요할까

돌아보기도 중요하지만 '기록'도 중요하다는 사실을 새삼 깨달은 것이 다이어트를 했을 때다. 그렇다. 1줄 일기는 다이어트에도 도움이 된다.

2019년 가을, 3개월 정도 한 헬스케어 피트니스 애플리케이션 서비스를 이용해 매일 섭취한 음식을 기록하며 다이어트를 한 적이 있다.

이 애플리케이션에 그날의 체중과 섭취한 음식을 기록하면 그때마다 영양사의 설명과 조언을 받을 수 있었다. 이를 3개월

동안 계속하니 체중과 몸매가 눈에 띄게 달라졌고 습관도 바뀌었다.

매일 꾸준히 기록하는 것의 가장 큰 목적은 영양사의 조언을 얻는 것이지만 그렇다고 그게 다는 아니다. 기록을 하면 어쩔 수 없이 자신과 마주하게 된다. 매일 자신의 체중을 숫자로 직시하고, 지금껏 무의식적으로 간식을 먹고 과식한 것도 기록을 하면 의식할 수밖에 없다.

그러자 신기하게도 자연스럽게 폭식과 폭음을 하지 않게 되었다. 먹지 않겠다고 단단히 결심하지 않아도 기록과 돌아보기를 하니 먹고 싶은 생각이 줄어들었다. 매일 기록하는 것 자체로 기분이 좋아지고 의식이 바뀌자 자연스럽게 내가 바라는 나의 모습에 가까워졌다. 기록의 축적 자체가 자신의 재산이 되는 것이다.

또 하나, 기록하는 습관은 정신적 안정을 준다. 매일 식후에 애플리케이션으로 기록하는, 불과 1분 정도의 작업이 그 시점의 긴장과 잡념을 없애주어 자신의 홈그라운드에 돌아온 기분이 든다.

야구선수나 축구선수는 홈그라운드에 돌아오면 정신적으로

안정감을 느껴 경기에서 쉽게 이길 수 있다고 한다. 이처럼 일상생활 속에서도 의식적으로 정신적인 홈그라운드를 만드는 것이 중요하다.

사소한 작업이어도 게으름 피우지 않고 지속하면 오늘도 잘 보냈다는 자신감이 생긴다. 의식했던 것은 아닌데, 매일 같은 것을 지속해 습관화하는 것은 자존감을 높인다는 사실도 발견했다.

결국 3개월간의 다이어트로 체중 10kg 감량에 성공했다. 그러나 체중 감량 이상으로, 돌아보기를 하면 나이와 상관없이 식생활과 체형을 스스로 조절할 수 있다고 깨달은 것에 의미가 있다.

몇 살이든 자신의 인생은 자기 생각대로 설계해갈 수 있다.

 글로 써서 돌아보는 행위＝메타인지

다이어트를 할 때는 기록을 통해 나 자신을 객관적으로 바라보는 것으로 체중 감량에 성공했다. 사실은 여기에 '쓰기'의 중요한 효능이 숨어 있다.

일에서 성공한 사람, 혹은 대학입시에 성공한 사람들이 공통적으로 갖고 있는 것이 바로 메타인지력이다. 오랫동안 일해 오면서 그것을 깨달았다.

'메타인지'는 심리학 용어로, '자신이 무엇을 알고 무엇을 모르는지 아는 것'인데, 자신을 마치 밖에서 보듯이 객관화하는 것이라고 생각하면 된다.

예컨대, 상대의 말에 발끈해 심한 말로 받아쳤을 때 어딘가에 객관적인 자신이 있어서 '나는 지금 화가 났다', '심한 말을 해버렸다' 하고 관찰하거나 분석할 수 있는 것은 메타인지력이 있기 때문이다. 자신이 하는 일에 대해서 '잠깐, 이렇게 해도 괜찮은 걸까', '더 나은 방법이 없을까' 하고 자문자답하는 것도 마찬가지다.

일에서 성과를 내는 사람, 성장이 빠른 사람은 이 메타인지력이 높다. 왜일까. 지각(知覺)을 포함해 자신을 객관화하는 것으로 무엇을 할 수 있고, 무엇이 부족한지 스스로 발견해 개선할 수 있기 때문이다.

알기 쉽게 말하면, 메타인지력은 조감해 체계화하는 힘이다. 자신이 한 일이 어땠는지, 자신의 언동이 남에게 어떻게 비쳤는지를 마치 제삼자가 보는 것처럼 조감해서 '현상은 이렇구나. 그럼 어떻게 할까' 하고 생각하는 힘이기 때문이다.

내가 존경하는 다사카 히로시(田坂広志)의 저서 중《사람은 누구나 다중인격》에서 일류 리더는 여러 개의 인격을 적절히 바꾸면서 일한다고 한다. 경영공창기반(경영 컨설팅과 M&A실행지원을 하는 컨설팅회사-옮긴이)의 최고경영자 도야마 가즈히코(冨山和彦)가 '리더는 합리와 정리(情理)의 달인이 되라'고 말한 것도 본질적으로는 같은 이야기다. 즉, 한쪽의 자신은 냉철하리만치 현실을 직시해 계산기를 두드리고, 동시에 또 다른 자신은 실제로 사람과 대치하는 속에서 애정과 안타까움을 느낀다. 그런, 언뜻 상반되는 자신을 양립시켜 조감하는 능력이 리더에게 필요한 자질이다.

두 사람의 말을 내 나름대로 해석하자면, 필사적으로 일하는 자신 외에 반드시 '메타 자신'이 있도록 해두라는 것이다.

미국 메이저리그에서 활약한 스즈키 이치로 선수도 '자신의 신체가 어떻게 공을 치는가를 의식적으로 설명하는 노력이 현재의 자신을 만들었다'고 했다. 성공하는 사람은 항상 자신을 의식해서 바꿔간다.

이야기가 본론에서 벗어났는데, 누구나 이 메타인지를 할 수 있는 것이 바로 '쓰기'다. 언어화함으로써 자신이 취한 행동을 객관화할 수 있기 때문이다.

가능한 한 그 자리의 분위기를 떠올릴 수 있게 쓰면 그때의 '장면'을 객관적으로 볼 수 있고, 결과적으로 메타인지와 같은 상황을 만들 수 있다.

이것을 반복하면 차츰 객관적으로 자신을 보는 습관이 생긴다.

나이에 상관없이 '돌아보기'로
달라질 수 있다

하루를 돌아보는 습관이 생기면 나이에 상관없이 얼마든지 성장할 수 있다.

20대 때는 어떻게 일을 해야 할지 알지 못했다. 그래서 당시의 나는 일에서 성장하는 동기의 모습을 그저 지켜보기만 했다. 30대에는 플러스로 이직했는데, 이전과는 다른 새로운 업계에서 어떻게 성과를 올려야 할지 몰라 헤맸다. 40대가 되어서는 글로비스 경영대학원에 다니게 되었다.

그리고 이제 50대가 되었다. 확실히 말할 수 있는 것은 20대,

30대, 40대 때와 비교해 50대인 지금이 성장 속도가 빠르다는 것이다. 어쩌면 과장되게 들릴지도 모르겠다. 하지만 실제로 지난달보다 이번 달, 지난주보다 이번 주의 성장 속도가 빠르다는 것이 실감된다. 이것은 하루를 돌아보고 깨달음을 얻는 습관이 정착되었기 때문이다.

사실 젊을 때는 경험도 적고 공부도 거의 하지 않았다는 초조함이 있었다. 그런 부족함을 보충하기 위해 행동 하나하나에 의미를 부여하고, 거기서 깨달음을 얻어 성장을 위한 양식으로 삼는 수밖에 없었다. 그래서 지금은 의식적으로 그렇게 하고 있고 그 결과 성장 속도가 빨라졌다.

시작이 다른 사람과 똑같아도, 늦더라도 상관없다. 매일 하루를 돌아보고 깨달음을 얻는 것을 습관화하면 나이에 관계없이 성장을 계속할 수 있다.

나는 지금 비즈니스 스쿨의 강사로 일하고 있는데, 2~3년 코스를 수강하는 동안 확실히 달라지는 사람과 그렇지 않은 사람이 있다. 그 차이는 돌아보기의 습관화, 즉 자신에게 어떤 의미가 있는지라는 시점으로 바라보고 배워나갈 수 있는가, 아닌가에 있다.

가령 파이낸스(기업의 재무) 수업이 있다고 하자. 이 수업에 대해 '회사에서 내 담당 분야는 영업이라 파이낸스 지식은 바로 활용하긴 힘들지만 아무튼 수업이니까 일단 들어는 두자'고 생각하는 사람과 '지금 하는 일로 대치해 생각하면 이런 거구나. 거래처의 입장을 이해하는 데 도움이 되니 내일부터 일에 적용해보자'는 생각을 하며 배우는 사람의 성장은 시간이 지날수록 하늘과 땅만큼 차이가 난다.

이처럼 의미를 부여해 자신에게 도움이 되는 배움을 추출할 수 있는 사람은 어떤 경험을 하더라도 '나는 이걸 배웠지, 장래에 이렇게 되자'며 행동으로 옮기고 실제로 달라진다. 수년 후 그 사람을 만나면 창업을 했거나 회사에서 큰 성과를 올려 인생을 성공적으로 나아가고 있다.

반면에 비즈니스 스쿨에서 가르치는 프레임워크(어떤 일에 대한 판단이나 결정 등을 위한 틀 - 옮긴이)를 하나씩 익히거나 분석 기술하는 법을 배웠어도 그것을 전혀 활용하지 못하는 사람은 배움이나 경험을 스스로와 연결하지 못하는 것이다.

물론 이것은 비즈니스 스쿨에 국한되지 않고 인생 전체에 적용된다. 일도 그렇고 책과 영화도 마찬가지다. '자신에게 어떤 의미를 갖는가'라는 시점으로 바라보고 배울 수만 있으면 나이가 많건 적건 달라질 수 있다.

그리고 이는 매일 돌아보기를 하면 누구나 할 수 있다.

‘1줄 일기’를 쓰면
자존감이 높아진다

나의 다부진 외모를 아는 사람은 도저히 믿지 못하겠다고 하는데, 사실 나는 상처를 쉽게 받는 사람이라 곧잘 침울해진다. 당초에 이 '돌아보기' 습관도 쉽게 침울해지는 나 자신을 일으켜 세우기 위해서 시작한 것이다.

대학생 시절, 아마추어 밴드에서 보컬을 맡아 가끔 라이브 공연을 했다. 그런데 그때마다 자기혐오에 빠졌다.

'왜 거기서 그렇게 불렀을까.'

'왜 그때 실수했을까.'

그런 부정적인 생각으로 머릿속이 점점 뜨거워졌다. 공연이 끝나면 매번 자기혐오에 사로잡혀 '잘했다!'라고 생각한 적이 단 한 번도 없다.

반면에 공연에 온 사람들은 '좋았다'고 말해준다. 처음에는 '나를 배려해서 내 실수를 지적하지 않는구나'라고 생각했다. 나는 진심으로 '실패했다'고 생각하며 침울했기 때문에 그것이 배려라고 생각했다.

그러던 어느 날 문득 깨달았다. 나의 공연을 보러 온 사람들이 좋다고 말한 건 정말 좋았기 때문이 아닐까. 자신의 생각이나 감각과 타인의 느낌은 다를 수 있다는 것을 문득 깨달은 것이다.

그렇다면 매번 자기혐오에 빠질 것이 아니라 객관적으로 돌아보면 되지 않을까. 자신의 공연을 객관적으로 돌아보면 개선점을 발견할 수 있고, 무엇보다 그렇게 침울해지지도 않을 것이다.

이 책에서는 '실패했다'고 생각했을 때의 돌아보기에 대해서도 소개하는데, 지나치게 침울해지는 것을 방지하기 위해서라도 그날 일어난 일을 글로 써서 객관적으로 생각해보는 것이 좋다.

실제로 글로 써보면 생각보다 매일 많은 일이 일어난다는 사

실을 알게 될 것이고, 많은 깨달음도 얻을 것이다. 이런 발견도

차츰 자신감으로 이어진다.

바쁘면 돌아보기도 하지 못해
자기 자신도, 지금도 잃어버린다

'매일 회사일과 집안일에 쫓겨서 하루를 돌아보고 싶어도 시간을 낼 수 없다'는 사람도 있을 것이다. 하지만 나는 오히려 이 '1줄 일기'를 통해 하루를 돌아보는 시간을 가짐으로써 나만의 시간을 만들 수 있었다.

과거를 돌아보면 자신이 무엇을 해야 하는지가 명확해진다. 미래는 과거와 현재의 연장선상에 존재한다. 그렇기에 과거를 돌아보면 당연하게도 앞으로 나아가야 할 미래가 보이기 마련이다.

하루를 돌아보는 습관이 없던 젊은 시절에는 내가 무엇을 하고 싶은지 몰랐다. 그래서 '남이 하니까', '다들 좋다니까' 등의 이유로 움직이는 경우가 많았다. 하지만 이러면 자신의 진심이 무엇인지, 뭘 하고 싶은지, 뭘 할 때 설레는지, 그 기준이 애매해진다.

결과적으로 하고 싶지도 않은 일을 맡아버리거나 같은 실수를 반복하곤 했다. '성장해야 한다'는 마음만 앞서 책을 사서 공부라도 해보자고 생각했지만 우선순위가 불확실하다 보니 머리에 들어오지 않았다. 이것저것 시도했지만 나를 위한 시간은 되지 못했다.

하지만 돌아보기를 꾸준히 하면 과거와 현재를 연결하는 선이 보인다. 그리고 그 연장선 위에 앞으로 나아가야 할 미래가 보인다. 그러면 많은 것들이 단순해진다. 자신이 어디를 목표로 해야 하는지, 그 코스가 명확해지면 불필요한 것들을 하지 않아도 된다. 그것은 누구의 지시가 아니라 스스로 매일 체험한 것에서 발견한 자신만의 중심축이 된다.

돌아보기를 습관화하면 과거의 경험을 양식으로 바꿔갈 수 있다. 요전에도 돌아보기를 하면서 문득 대학생 때 2개월 정도 아르바이트를 했던 일이 떠올랐다. 그리고 그때는 할 수 없었던 일, 힘들었던 일도 30년이 지나 경험이 축적된 지금은 해결할 수 있다는 것을 깨닫고 경험의 소중함을 알게 되었다. 이렇게 오랜 시간이 지나서야 깨닫게 되는 것도 있다.

이처럼 인생의 배움은 특별한 체험을 통해서만 얻을 수 있는 것이 아니다. 평범한 일상생활 속에도 배움을 위한 재료가 있다. 주위의 많은 것들로부터 배우겠다는 자세를 가지면 수십 년 전의 기억을 반추해 깨달음을 얻고 달라질 수 있다.

지금부터가 지금까지를 결정한다는 말이 있다. 과거에 일어난 일은 바꿀 수 없지만 앞으로 자신이 만들어갈 미래가 과거의 의미를 바꾼다는 뜻이다.

나도 돌아보기를 계속하니 어릴 적 일어났던 많은 일과 그때의 느낌에 대한 해석이 달라졌다. 지금의 인생에 비추어서 생각하면 '그때 그 일은 이런 것이었구나' 하고 새롭게 발견한다. 현재의 경험은 물론이고, 과거의 경험으로 거슬러 올라가 반추하면 깨달음이 늘어난다.

지금부터 소개하는 '1줄 일기' 작성법과 돌아보기 방법은 오랫동안 직접 실천해보고 야후와 글로비스에서 소개하면서 경영자와 비즈니스인, 학자로부터 '돌아보기'에 대한 조언을 얻어 '틀'로서 형태를 갖추게 되었다. 늘 자신감 없는 나지만 돌아보기만큼은 자신 있다. 돌아보기의 요령도 함께 소개하니 끝까지 읽어주기 바란다.

2020.1.2 목요일

이틀이나 평소처럼 생활했다

일하는 중. 열심히 하자.

2020.1.3 금요일

무사시노대학의 준비를 서두르기 시작

열심히 하자.

2020.1.4 토요일

카를로스 곤 피고 도망 사건

아무리 그래도 이건 아니라고 생각한다. 아카데미아의 주제로 삼아볼까.

2020.1.5 일요일

도쿄대학 졸업증명서를 발급받으러 감

오랜만이다. 역시 대학은 참 좋다. 이걸 내가 만들어나간다고 생각하니 열정에 불이 붙는다.

2020.1.6 월요일

오오모리 사무실에서

끊임없이 일하는 중. 계속해서 배워나가는 것의 중요함을 실감했다.

2020.1.7 화요일

이런 기사가 나왔다

조금 부끄럽다. 내일은 오랜만에 회사에 나간다.

오오모리 사무실에서 작업에 몰두하느라 기오이초에 가는 건 오래간 만이다.

메타인지력을 높이는 방법

자신을 스토리 안에 두고 상상해보는 것도 메타인지력을 높이는 데 효과적이다.

나는 〈니혼게이자이신문〉의 '나의 이력서'(〈니혼게이자이신문〉 문화면에서 연재되고 있는 칼럼. 각계 유명인이 출생부터 연재 시까지의 반생을 그리는 이력서 스타일의 자서전이다 - 옮긴이)를 쓰는 나와 〈프로젝트X〉(2000년부터 2005년까지 NHK에서 방송된 비즈니스 다큐멘터리 프로그램)의 주인공이 된 나의 모습을 상상한다. 그러면 일을 대충 하거나 농땡이 부려도 아무도 모를 거라는 유혹에 사로잡혔을 때 '여기서 일을 대충 하면 '나의 이력서'에는 쓸 수 없다'

는 제동장치가 작동한다. 이처럼 상상 속 스토리 안의 자신을 또 다른 자신이 냉정한 시선으로 바라봄으로써 메타인지를 할 수 있다. 친구 중에도 이런 방식으로 생각하고 있다는 사람이 많다.

참고로, 한때는 비즈니스 스쿨 교재의 주인공이 되면 어떤 식으로 행동할지를 상상했었다. 그리고 몇 년이 지나자 그 상상은 현실이 되었다. 스토리의 주인공으로 행동함으로써 차츰 상상 속 주인공에 가까워지는 것이라 생각한다.

'내가 좋아하는 프로그램이나 만화의 주인공이라면' 등의 설정도 좋고, 성공한 자신의 자서전을 머릿속으로 써봐도 좋다.

스토리 속 자신을 조감해보는 시점과 지금 눈앞의 일에 집중하는 시점, 양쪽을 오갈 수 있게 되는 것이 이상적이다.

머릿속으로만 생각하면 단순한 상상으로 끝나기 때문에 실제 행동으로 연결하고 다시 그것을 돌아본다. 미래의 자신을 상상하고 과거를 돌아보고, 행동한다. 그리고 다음 행동으로 이어지는 깨달음을 얻는다. 이런 선순환이 시작된다.

2장

'1줄 일기' 작성법

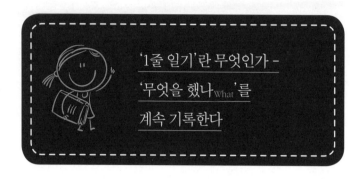

'1줄 일기'란 무엇인가 -
'무엇을 했나 What'를
계속 기록한다

'1줄 일기'에 대해서 구체적으로 설명하자.

1줄 일기 쓰는 법은 매우 간단하다. 매일 그날 일어난 일을 쓰고 이를 다시 읽어보는 것. 그게 전부다.

 '1줄 일기' 쓰는 법

1줄만 쓰면 된다

1줄만 쓰기 때문에 아무리 바쁜 사람이라도 매일 계속할 수 있다(구체적인 방법은 이후에 설명한다).

물론 더 쓰고 싶을 때는 1줄 이상 써도 된다. 단, 처음부터 길게 쓰면 계속하기 어려우므로 약간 부족하다 싶은 정도가 좋다.

어디에 쓰든 상관없다

수첩, 노트에 써도 좋고, 애플리케이션이나 온라인 캘린더에 입력해도 된다. 나는 한동안 휴대용 5년 일기장을 사용했는데, 지금은 'Day One(dayoneapp.com)' 애플리케이션을 사용한다. 클라우드 서비스라서 이동 중이나 미팅 사이에 메모를 대신해 스마트폰으로 사진을 찍어 올리고 퇴근 후 컴퓨터 앞에서 하루를 돌아보며 글을 입력한다.

언어화하는 것이 중요하다

손으로 쓰든 컴퓨터나 스마트폰에 입력하든 중요한 것은 언어화하는 것이다. 언어화하는 과정을 통해 자신에게 필요한 체험을 취사선택하고 추상화할 수 있다.

요전에 내가 가르치는 비즈니스 스쿨의 수강생 중 3시간짜리 강의 내용을 꼼꼼히 노트에 정리해 보내오던 수강생이 있었다.

July 2021

아침부터 조깅하고 관심 있었던 영화를 보러 갔다.

SATURDAY
10

12:00 PM • 신주쿠 3-chōme, Shinjuku City, Tokyo, 일본 • ...

화상회의에서 발언했는데 상대의 반응을 알 수 없어 말하기 어려웠다.

FRIDAY
09

12:00 PM • 신주쿠 3-chōme, Shinjuku City, Tokyo, 일본 • ...

하루 종일 회사에서 자료 작성.

THURSDAY
08

12:00 PM • 신주쿠 3-chōme, Shinjuku City, Tokyo, 일본 • ...

팀장이 부탁한 자료를 만들었는데 수정하게 되었다.

WEDNESDAY
07

12:00 PM • 신주쿠 3-chōme, Shinjuku City, Tokyo, 일본 • ...

아침 일찍 일어나 출근 전에 조깅을 했다.

TUESDAY
06

12:00 PM • 신주쿠 3-chōme, Shinjuku City, Tokyo, 일본 • ...

임원회의에서 프레젠테이션. 긴장되었다.

MONDAY
05

12:00 PM • 신주쿠 3-chōme, Shinjuku City, Tokyo, 일본 • ...

강연 테이프처럼 전체 내용을 기록한 것은 아니다. 언어화하는 시점에서 자신이 흥미를 느꼈거나 인상에 남은 부분을 취사해 기록한 것이다. 이것은 자신에게 들어온 정보를 자기 나름대로 정리하는 과정이라고 할 수 있다.

마찬가지로 아침에 일어나 양치질하고 아침 식사를 하고……, 등의 행동을 전부 기록할 필요는 없다. 기억에 남지 않는 것들은 그다지 중요한 일은 아닐 것이다. 바쁜 하루 속에서 신경이 쓰였 거나 새로 배운 것, 실수한 것, 이렇게 되고 싶다고 생각한 것을 쓴다. '1줄 쓰기'가 돌아보기의 첫걸음이다(예 2-1).

예 2-1 | 1줄 쓰기

1 | MON
우연히 텔레비전에서 동물 다큐멘터리 프로그램을 봤는데 재미있었다.

2 | TUE
친구 B가 환경보호로 이어지는 프로젝트를 시작해 업계 신문 인터뷰에 실렸다.

3 | WED
세미나 미팅, S사 F씨와 미팅, Z씨의 방문.

N 씨와 미팅, 이 건은 생각하면 할수록 필요하다고 느꼈다.

규칙을 많이 만들지 않는다

1줄 일기 쓰기를 시작할 때는 규칙을 너무 많이 만들지 않는 것이 좋다. 하루 이틀 깜빡해 쓰지 않아도 이후에 정리하면 된다는 식의 부담 없는 규칙도 괜찮다. 계속하는 것이 중요하므로 자신이 가장 계속하기 쉬운 형태를 찾아보자.

 자신에게 그것은 어떤 의미를 갖나?

다음으로 중요한 것은 '돌아보기'다. 1줄 일기에 '한 일'을 썼으면 이번에는 그것을 돌아본다. '돌아보기'를 할 때 중요한 것은, 자신에게 그것은 어떤 의미가 있나?So What라고 물어보는 것이다.

가령, 예 2-2를 보자. 지금까지 본 적 없던 동물 다큐멘터리 프로그램이 재미있었다면 '나는 왜 이것을 재미있다고 생각할까?', 친구의 이야기를 듣고 부럽다고 느꼈다면 '왜 부럽다고 생각했을까? 친구의 이야기는 나에게 어떤 의미가 있을까?' 하고 생각해본다.

예 2-2 | '한 일' 돌아보기

1 | MON

- **한 일** | 우연히 텔레비전에서 동물 다큐멘터리 프로그램을 봤는데 재미있었다.
- **자신에게 있어서의 의미** | (나에게 이 일은 어떤 의미가 있나? 왜 재미있다고 생각했나?)
  생물이 살 수 없을 것 같은 해저에서도 생활할 수 있도록 진화한 생물을 보고 생명의 가능성을 느꼈다.
- **그거야!** | 나는 생물의 진화에 관심이 있다.
- **해보자** | 책도 읽어서 지식을 넓히고 싶다.

2 | TUE

- **한 일** | 친구 B가 환경보호로 이어지는 프로젝트를 시작해 업계 신문 인터뷰에 실렸다.
- **자신에게 있어서의 의미** | (나에게 이 일은 어떤 의미가 있나? 어떻게 생각했나?)

나도 그렇게 활약하고 싶다고 생각했다.

- **그거야!** | 나도 B처럼 사회에 영향을 주고 싶은 걸지 모른다!
- **해보자** | 약속을 잡아서 B에게 이야기를 들어보자!

※**자신에게 있어서의 의미**부터 아래의 항목은 머릿속으로 생각해도 되고, 글로 적어도 된다.

'자신에게 있어서'라는 물음은 중요하다.

눈앞을 스쳐 가는 일도 자신과 관련해 생각할 수 있다면 많은 것을 배울 수 있다.

누군가의 이야기를 들었다는 경험만으로도, '그렇구나, 나는 ○○영역에 관심이 있구나', '부럽다고 생각했지만 나도 ○○처럼 사회에 영향을 주고 싶은 거구나' 하는 대답이 떠오른다. 이것이 '깨달음'이다.

여기서부터는 더욱 발전해나간다. '그래, 이것이 재미있었으니까 이 분야의 책을 읽어보자', '○○처럼 되고 싶으니까 약속을 잡아서 자세한 이야기를 들어보자' 등, 자신이 하고 싶은 일, 해야 할 일을 알게 되고 취해야 할 행동을 생각할 수 있다.

이 과정을 그림으로 설명하면 그림 2-1처럼 된다.

그림 2-1 | '1줄 일기'의 과정

그날 일어난 일과 느낌을 글로 기록한다. 그것을 보고 '자신에게 있어서의 의미'를 생각한다. 그리고 '그거야!' 하고 깨닫는다. 이 일련의 과정이 내가 실천하고 있는 돌아보기 방법이다.

이 책의 예시에는 알기 쉽게 '자신에게 어떤 의미가 있나'도 썼지만, 나는 '한 일'만 쓴다. 습관적으로 그렇게 한다. 그걸 보면서 '자신에게 있어서의 의미'를 생각하고 '그거야!' 하고 깨닫고, 행동을 생각하는 과정은 머릿속으로만 한다.

내가 이렇게 하는 이유는 이 항목들을 글로 써버리면 사고가 고정되기 때문이다. 똑같은 행동이라도 시간을 두고 돌아보았을 때는 또 다른 의미가 생길 수 있다. 그래서 '한 일', 즉 사실 부분만 재현할 수 있도록 글로 쓰고, 그 이외의 과정은 가능한 한 자유로운 상태로 둔다.

단, 처음에는 간단히라도 이 네 가지를 의식해서 써보는 것이 좋다. 어느 정도 익숙해지면 '자신에게 있어서의 의미' 이후의 과정은 쓰지 않고 머릿속으로 생각해도 된다. 글로 쓰는 것이 힘들지 않다면 네 가지 항목을 매일 써도 상관없다. 자신에게 맞는 방법으로 지속하면 된다.

이렇게 글로 쓰는 작업을 통해 자신에게 일어난 일을 객관적으로 바라볼 수 있다. 그리고 자신에게 있어서 그것이 어떤 의미를 가지는지를 묻는 것으로 그날의 일을 자기의 입장에서 해석한다.

거듭 말하는데, 자신에게 밀착시켜 생각하는 과정이 중요하다. '이 일은 나에게 있어 이런 거구나'라는 해석을 할 수 있으면 '그거야!' 하고 납득하게 된다. 그것은 누구의 조언이나 가르침이 아닌 자신만의 깨달음이 된다. 이 일련의 돌아보기로 자기만의 교훈이 만들어진다.

'1줄 일기' 쓰는 법

지금부터는 '1줄 일기'의 구체적인 작성법과 돌아보기 방법을 설명하겠다.

지금 소개하고자 하는 예는 1줄 일기를 시험 삼아 써준 A 씨가 사내 공부모임에 참가했을 때의 일기다. 사실 A 씨는 공부모임에 그다지 관심이 없었다. 그러나 공부모임이 끝나고 나니 생각보다 기분이 좋아서 '참가하길 잘했다'고 생각했다고 한다. 그날 밤 그가 쓴 1줄 일기가 예 2-3이다.

이 예에서도 '돌아보기' 부분까지 글로 썼다. 하나하나 설명해보자.

1 | MON

- **한 일** | 공부모임이 있어 마지못해 참가했는데 의외로 좋았다.

- **자신에게 있어서의 의미** | (왜 좋다고 생각했을까? 왜 이전에는 적극적이지 않았을까? 자신에게 어떤 의미가 있을까?)
같은 자리에서 다양한 사람들이 각자의 의견을 말하는 것 자체에 의미가 있다는 것을 깨달았다.

- **그거야!** | 타인의 이야기를 듣는 것은 중요하다.

- **해보자** | 다음에는 나나 모두가 좀 더 관심을 가질 만한 다른 공부모임을 직접 열어보고 싶다.

한 일

'한 일'에는 단순히 일어난 일, 마음의 움직임을 쓴다.

어떤 내용이든 상관없다. 어떤 일을 했고 누구를 만났다는 것을 적어도 좋고, 이동 중에 지하철에서 본 광고 문구, 아침 식사 때 가족과 나눈 이야기, 책, 만화, 다른 사람의 SNS 글을 적어도 좋다. 어떤 것에도 깨달음은 있다.

중요한 것은 그때의 광경과 자신의 감정을 떠올릴 수 있는 키워드를 써두는 것이다.

'한 일'이란 돌아보고 깨달음을 얻기 위한 '소재'다. 따라서 다시 보았을 때 그 광경이 떠오르도록 기록해야 한다. 일주일, 혹은 한 달 후에 봤을 때 '맞아, 그때 이런 일이 있었지' 하고 기억이 되살아날 수 있게 써둔다.

또, 가능한 한 긍정적인 표현을 쓴다. 공격적인 표현을 쓰면 이후에 다시 읽기 힘들고, 부정적인 감정이 들기 때문이다. 물론 매일 회사 일과 일상생활을 하다 보면 화가 날 때도 있지만 '그러니까 나는 이렇게 되지 않도록 노력하자', '바꿔가자' 같이 긍정적인 문구를 쓴다.

스마트폰 애플리케이션을 이용하는 사람은 사진을 찍어 올리는 것도 좋다. 사내 공부모임 장소나 주변 풍경, 참가자 명단, 교재를 사진으로 찍어 기록해두면 나중에 보았을 때 그 공부모임에서 했던 생각을 떠올리기 쉽다.

자신에게 어떤 의미가 있나? So What

자신에게 있어서의 의미는 무엇일까를 생각해본다. '의외로 좋았다'고 느꼈다면 그 사실에 대해 '그러니까 이건 어떤 의미일까?' 하고 자문한다. 그러면 '남의 이야기를 듣는 것이 중요하

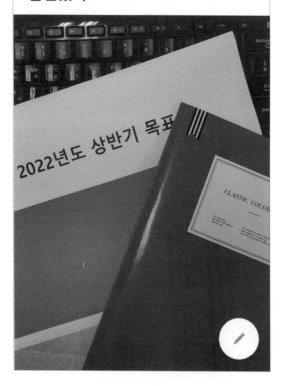

← Thu, June 24, 2021 ⋮

오늘 회의에서는 지난번에 반성한 것을 반영해 자료도 새로 만들어서 발언했다.

2022년도 상반기 목표

CLASSIC COLOR

다'는 깨달음(그거야!)에 다가갈 수 있다.

다양한 체험을 하더라도 그것이 성장의 양식이 될지의 여부는 이를 자신에게 밀착시켜 배움으로 변환할 수 있느냐에 달렸다. 이는 돌아보기의 과정에서 중요한 단계다.

예 2-3은 '마지못해 참가한 공부모임'이 왜 좋았는지 자신의 기분을 돌아보고 이에 대해 깊게 생각해본다. 이런 섬세한 기분이 자신이 진심으로 바라는 일과 자신의 과제로 이어지는 힌트가 되기도 한다.

KPT라는 프레임워크가 있다. Keep(지속해야 할 것)·Problem(개선해야 할 문제)·Try(새로 도전해야 할 것)의 머리글자로, 프로젝트 등의 돌아보기에 사용된다.

Yahoo!아카데미아에서도 돌아보기에 KPT프레임워크를 사용하는 경우가 있다. 1줄 일기의 '한 일', '해보자'는 언뜻 이것과 비슷해 보이지만, 1줄 일기에는 '자신에게 있어서의 의미'가 있고, KPT프레임워크에는 이것이 없다는 것이 큰 차이다. 일어난 일을 취사선택하는 것은 물론, 그것을 추상화해서 자신에게 있어 그 일이란 무엇인지, 의미를 추출하는 것이 중요하다.

회사에서 진행하는 프로젝트의 돌아보기에는 KPT가 효과적이다. 하지만 자신이 체험한 일을 인생의 피와 살로 만들기 위해서는 '자신에게 있어서의 의미'를 생각해보고 '그거야!' 하고 깨닫는 과정이 중요하다.

예방의학 연구자인 이시카와 요시키(石川善樹)가 '도대체 ○○란 무엇인가'라는 물음을 끊임없이 던지는 것이 중요하다고 했는데, 마찬가지로 세상의 상식과 전례에 얽매이지 말고 '도대체 자신에게 어떤 의미가 있나'라는 시점에서 조감해 돌아봐야 한다.

그거야! Aha

'자신에게 있어서의 의미'를 생각해 깨달은 것을 쓴다.

나의 일이라 여기고 질문을 던지면 어떠한 형태로든 답이 나온다. 답이 금방 나오지 않을 때도 있다. 그럴 때는 다음날 다시 생각해보면 '그때의 그 일은 이거였구나!' 하고 깨닫게 된다.

실제로 나도 이런 식으로 여러 번 다시 생각하다가 '이거였구나' 하고 깨닫는 경우가 많다. 가령, 내가 강연을 하면 사람들은 늘 '알기 쉽다'고 말해준다. 그래서 '내 이야기가 다른 사람보다 알기 쉬운 점이 있다면 그게 대체 뭘까?' 하고 생각했는데, 최근

들어 '아, 이해력이 낮은 나도 이해할 수 있도록 전달하는 방법에 대해 고민한 덕에 알기 쉽게 이야기할 수 있게 된 거구나!' 하고 깨달았다. 이는 여러 번 자문했기 때문에 얻을 수 있는 깨달음이다.

해보자Action

깨달음을 근거로 해 해야 할 행동을 찾아내면 글로 쓴다. 단, 반드시 써야 하는 건 아니다.

 일기를 다시 읽으면서 자신의 축(軸)을 분명히 한다

'그거야!'와 '해보자'는 꼭 그날 생각해내야 하는 것은 아니다. 그날 안에 행동으로 옮기는 경우도 있지만 몇 주, 몇 달 후에 깨달을 때도 있다. 다른 날에 일어난 일과 연결해 생각하다 보면 매일의 '작은 깨달음'이 모여 '중간 깨달음'이 되기도 한다.

'오늘 나는 이런 생각을 했다', '이때도 나는 이런 것을 생각했다', '이날도 나는 이렇게 느꼈다!' 같은 매일의 작은 깨달음 속에서 공통점을 발견하면 '그래, 나는 이런 것을 중요하게 여겼구나', '이런 가치관도 있구나' 하는 것이 저절로 보이게 된다.

이렇게 여러 번 다시 읽다 보면 자신의 과제와 축, 미션이 분명해진다.

1줄 일기는 그날 하루를 돌아보고 끝나는 것이 아니다. 나는 시간이 날 때마다 1줄 일기를 꺼내 몇 번이고 다시 읽어본다. 전날은 물론, 일주일, 한 달, 세 달 전의 일기도 다시 읽으면서 '이건 뭘까' 하고 생각한다.

이후에 다시 읽다 떠오르는 것이 있으면 보충해서 써도 된다. 그날의 행동에서 떠오른 것이 있거나 달리 깨달은 것이 있으면 보충해서 쓴다. 여러 번 다시 읽으면서 여러 번 보충하는 것이 중요하다(예 2-4).

예 2-4 ㅣ 떠오르면 보충해서 쓰기

1 ㅣ MON

- **한 일** ㅣ 공부모임이 있어 마지못해 참가했는데 의외로 좋았다.
- **자신에게 있어서의 의미** ㅣ (왜 좋다고 생각했을까? 왜 이전에는 적극적이지 않았을까? 자신에게 어떤 의미가 있을까?)

같은 자리에서 다양한 사람이 각자의 의견을 말하는 것 자체에 의미가 있다는 것을 깨달았다.

↓

이후의 깨달음

그러고 보니 제대로 발언하지 못하는 사람도 있었다.
그런 사람에게 도움을 주려면 어떻게 해야 할까?

세 가지 돌아보기로
깨달음을 키운다

'1줄 일기'를 꾸준히 쓰면 매일 일어나는 많은 일들이 글로 축적된다.

가령, 어느 날은 '업무 미팅에서 동료의 웃는 얼굴이 보기 좋았다', 또 다른 날에는 '시무룩한 표정인데 기분이 별로인가' 하는 내용을 썼다고 하자. 이 하나하나는 개별적인 사항으로, 각각의 일에 대해 '좋았다', '기쁘다', '왜일까' 등의 깨달음이 생긴다.

그런 개별적인 사항이 축적되면 하나하나의 일을 연결해서 돌아볼 수 있다. 가령, '미팅에서는 기분 좋았던 동료가 다른 날에는 시무룩한 표정이었다. 그 이면에 있는 것은 무얼까' 하는 식으로 연결해서 생각할 수 있다. 이처럼 보다 깊은 깨달음을 얻기 위한 '돌아보기'로서 나는 세 종류의 돌아보기를 하고 있다.

- **작은 돌아보기** ｜ 그날 일어난 일을 돌아본다. 매일 한다.
- **중간 돌아보기** ｜ 작은 돌아보기를 연결해서 공통점을 발견하거나 보다 추상적으로 여러 일에 응용할 수 있는 깨달음을 얻는다. 일주일에 한 번 정도 한다.
- **큰 돌아보기** ｜ 중간 돌아보기를 반복하고 행동하는 사이클을 통해 '자신이 지향하는 방향으로 가고 있나'를 돌아본다. 반년에서 1년에 한 번 정도 한다.

이 중에서 지금까지 소개한 매일의 돌아보기가 '작은 돌아보기'다. 매일 일어나는 일에 꼬리표를 붙여간다고 생각하면 된다. 여기서의 깨달음을 '작은 깨달음'이라고 한다.

다음의 '중간 돌아보기'는 일주일 단위 등, 좀 더 기간을 둔 돌아보기다. 매일 1줄 일기로 돌아보면서 하나하나의 일에 대한 배움과 반성으로 끝내지 않고, 보다 다면적인 깨달음을 얻는 것이 중간 돌아보기다. 그리고 큰 돌아보기로는 자신의 궤도가 흔들리지 않는지 확인한다. 한마디로 목표가 되는 '북극성'을 향

그림 2-2 │ 작은 깨달음·중간 깨달음·큰 깨달음

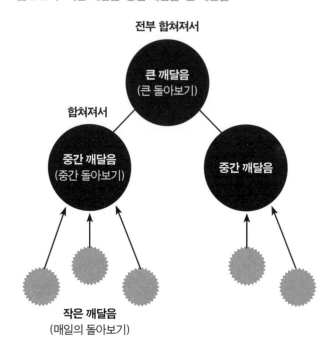

전부 합쳐져서

큰 깨달음
(큰 돌아보기)

합쳐져서

중간 깨달음
(중간 돌아보기)

중간 깨달음

작은 깨달음
(매일의 돌아보기)

해 똑바로 나아가고 있는지 확인하는 것이다.

구체적으로 설명하자면, 매일 '한 일', '그거야!', '해보자' 항목
으로 돌아보기를 하는데, 가령 일주일이 지난 후에 한 주의 1줄
일기를 다시 읽어본다. 그러면 '처음에는 B 씨의 의견이 틀렸다
고 느꼈는데 사실은 이런 것이었구나', '평소에는 거의 만나지

않는 사람이나 의견이 다른 것처럼 보이는 사람과 대화하니 재미있는 아이디어가 떠오른다' 등, 그날 깨닫지 못했던 것들이 보인다.

그렇게 매일의 작은 깨달음을 다시 보는 것으로 예 2-5의 '다양한 사람들과 대화하는 것이 중요하다'와 같은 중간 깨달음을 얻을 수 있다.

예 2-5 ㅣ '작은 깨달음'에서 '중간 깨달음'으로

10 · October

---

15 ㅣ MON
- **한 일** ㅣ '지금 내가 회사에 공헌할 수 있는 일을 생각하자'는, 전혀 내키지 않는 주제의 사내 공부모임에 마지못해 참가했는데 의외로 좋았다.
- **작은 깨달음** ㅣ 생각했던 것보다 다른 사람의 이야기를 듣는 것에서 배울 점이 많았다.

16 ㅣ TUE
- **한 일** ㅣ 야근을 마치고 퇴근하려는데 옆 부서의 A 씨와 마주쳐서 업무량에 대해 이야기를 했다.

- **작은 깨달음** ｜ 당연하지만 나만 힘든 게 아니었다.

17 ｜ WED

- **한 일** ｜ 회의에서 나와 마음이 안 맞는 B씨의 의견에 동의했다.
- **작은 깨달음** ｜ 나는 B씨와 동료, 팀의 한 사람 한 사람의 생각을 존중하고 싶어 한다는 것을 깨달았다.

↓

중간 깨달음 ｜ 다양한 사람들과 이야기를 나누는 것이 중요하다고 생각했다.

해보자 ｜ 적극적으로 사람을 만나자.

여기서 하는 것을 단적으로 정리하면, 그루핑grouping(그룹으로 나누기)이다. 각각의 깨달음을 그룹으로 나눠 보다 큰 깨달음으로 정리하는 것이다.

이렇게 하는 이유는, 하나의 일에서 생겨난 깨달음으로는 충분치 않기 때문이다. 매일의 깨달음은 '개별적인 답'이다. 그때 우연히 그런 깨달음이 생겨난 것일 수도 있다. 하지만 몇 가지 비슷한 일에서 똑같은 '깨달음'을 얻었다면 그것은 보다 널리 쓰일 수 있는 깨달음일 것이다.

이렇게 그루핑하는 것으로 새로 생겨난 깨달음을 '팩pack'이라고 한다. 몇 가지 깨달음이 패키지화되는 것이라고 생각하면 된다.

작은 깨달음을 전부 큰 깨달음으로 만들 필요는 없다. 그러나 1줄 일기를 꾸준히 써서 작은 깨달음을 늘려나가면 이런 선순환도 늘어난다. 한마디로 '일거양득'이다.

 중간 돌아보기가 잘 안 될 때는

중간 깨달음을 얻는 과정이 생각대로 되지 않는 사람은 피라미드 구조를 사용해보자. '한 일'로부터 '그거야!'를 이끌어내는 사고(思考) 과정으로 활용해보는 것이다.

상대에게 전달하기 위한 메시지를 만드는 도구 중, 피라미드 구조는 자기 자신과 깊이 있는 대화를 할 때도 활용할 수 있다. 근거·사실로부터 결론을 이끌어내는 대신, 매일 일어난 일에서 깨달음을 이끌어내는 것이다.

피라미드 구조는 논리적 사고를 할 때 사물이나 현상을 구조화하기 위해 사용하는 수법이다. 그리고 이것을 자신의 인생에 적용해보는 것이 바로 '1줄 일기'의 주제다.

단, 나 자신은 돌아보기를 할 때 항상 그림 2-3과 같은 피라미드 구조를 의식하지는 않는다. 나는 애플리케이션을 열어 1줄 일기를 그저 바라본다. 'Don't think, feel', 즉 '무언가를 생각하기'보다 '느끼는 것'을 중시하고 있다. 여러 번 다시 보면 시간이 지난 후에 깨닫는 것도 있고, 최초의 깨달음이 바뀌는 경우도 있다. 그것도 새로운 발견이다.

깨달음은 시간이 지나면 바뀐다. 와인이 숙성되는 것과 같다. '작은 깨달음'만으로 행동하면 그것으로 끝나버리기 때문에 비효율적이다. 그래서 시간을 두고 나타나는 '중간 깨달음'과 '큰

그림 2-3 | 피라미드 구조로 얻는 중간 깨달음

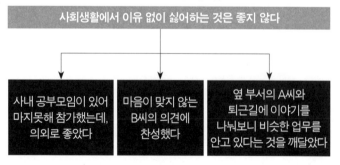

사회생활에서 이유 없이 싫어하는 것은 좋지 않다

| 사내 공부모임이 있어 마지못해 참가했는데, 의외로 좋았다 | 마음이 맞지 않는 B씨의 의견에 찬성했다 | 옆 부서의 A씨와 퇴근길에 이야기를 나눠보니 비슷한 업무를 안고 있다는 것을 깨달았다 |

깨달음'이 중요하다.

또, 시간이 지나 처음에 얻은 깨달음이 바뀌는 경우가 있다. 가령, 인류가 코로나19를 마주하는 방식이 그러하다. 애당초 발생하는 현상이나 자신의 경험도 변하기 때문에 깨달음의 의미도 변한다. 사람에 대한 인상도 자신의 컨디션이 달라지면 변한다. 따라서 자신의 깨달음을 고집하지 않고 '변하는 것이 있다'고 여기며 마음의 소리에 솔직해져야 한다.

1줄 일기를 어느 정도 빈도로 다시 봐야 한다는 규칙은 없다. 규칙을 정하면 일이 되어버리기 때문이다. 하지만 매일 꾸준히 기록하면 저절로 다시 읽어보고 싶은 마음이 든다. 긍정적으로 쓰게끔 노력하는 만큼 다시 읽으면 긍정적인 기분이 들기 때문이다.

1줄 일기를 계속해서 쓰면 나 자신을 좋아하게 된다. 이를 통해 나는 왜 이렇게 행동했는지, 어떻게 느꼈는지를 여러 번 반복해 읽으며 생각하는 선순환이 생긴다.

나는 매일 밤, 1줄 일기를 쓴 다음 산책을 다녀와서 샤워하고 명상까지 마친 후 잠자리에 든다. 이런 순서로 하루를 마감하면서 머리와 마음과 몸을 정돈한다. 1줄 일기를 쓰면서 솔직한 느낌을 언어로 표현한다. 머리가 덜 피곤할 때 쓰고 산책을 하면서 그날 머릿속에 만들어진 사고의 틀을 깬다.

집에 돌아와 샤워로 몸을 깨끗이 하고 마지막으로 명상을 통해 머리를 비운다. 그렇게 해서 그날 하루 입력된 말과 사고의 틀을 머릿속에서 지우고 몸가짐을 바르게 한 다음 잠자리에 들면 머리, 마음, 신체가 정돈된다. 스포츠 선수가 몸을 관리하는데 시간을 들이는 것과 똑같다.

이 돌아보기를 매일 반복하면 그전까지는 무심코 흘려보낸 매일의 일이 자신을 성장시키는 재료가 된다. 또, '자신에게 무엇이 중요한가'라는 축이 분명해지는 효과도 있다. 여러 번 돌아보기를 하다 보면 자신이 중시하는 가치관을 깨닫는 순간이 온다.

인생을 구성하는 많은 체험을 언어화하면서 어떤 인생을 살고 싶은지 자문자답하는 것 자체에 큰 의미가 있다.

돌아보기로
'점'을 연결한다

지금까지 말한 것처럼, 매일의 기록 하나하나는 그날의 행동과 체험에 불과하다.

그것을 매일 글로 쓰고 행동하는 과정을 반복함으로써 언뜻 하잘것없어 보이는 체험이 자신을 성장시키는 재료로 바뀌는 순간이 온다. 별것 아닌 일상의 한 장면이 자신에게 의미를 가진, 살아 있는 체험으로 변환된다.

Connecting The Dots(점과 점을 연결하라)는 스티브 잡스가 연설 중에 한 말이다. 그가 대학을 중퇴하고 배회하던 때 우연히 캘리그래피를 공부한 것이 매킨토시의 폰트 디자인에 도움이 되었다고 한다. 이처럼 경험을 하나하나 쌓아가면 이윽고 이어지게 된다.

1줄 일기를 다시 읽는 것은 점을 쌓아서 의식적으로 '연결'하기 위한 방법이다.

어떤 커다란 목표를 달성하기 위해 점을 쌓아두는 것보다도 일상 속의 사소한 일에서 깨달음을 얻는 것이 중요하다. 목표에서 역산해 필요한 점을 모으는 것이 아니라 많은 점을 모아가다 보면 저절로 목표가 정해진다.

본래 '나'라는 인간은 매일의 경험, 즉 점의 축적으로 이루어진다. 극단적으로 말하면, 스티브 잡스와 똑같은 체험을 쌓고 똑같은 깨달음을 얻어서 똑같이 행동하면 스티브 잡스가 될 수 있을 것이다.

물론 현실적으로 그렇게 되진 않지만, 자기 주위에 있는 무수한 점을 가능한 한 효과적으로 활용해 성장에 필요한 양분으로 삼는 것은 누구나 할 수 있다.

따라서 그때 느낀 것, 행동한 것을 나중에 돌아보았을 때 쉽게 떠올릴 수 있도록 기록하는 것이 중요하다. 이는 자신에게 매우 중요한 점dot이 된다.

그림 2-4 | '매일의 돌아보기'와 '장기적 돌아보기'

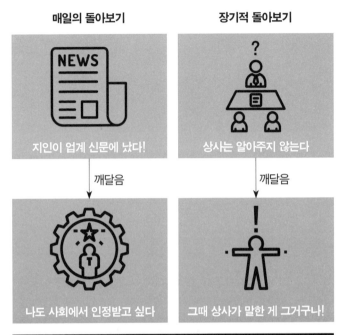

매일의 돌아보기

지인이 업계 신문에 났다!

↓ 깨달음

나도 사회에서 인정받고 싶다

장기적 돌아보기

상사는 알아주지 않는다

↓ 깨달음

그때 상사가 말한 게 그거구나!

두 가지 깨달음으로 보다 빨리 '되고 싶은 나의 모습'에 다가간다

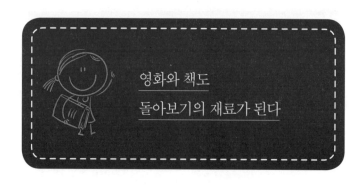

영화와 책도
돌아보기의 재료가 된다

돌아보기를 하면 주변의 모든 것들이 자신을 성장시키는 재료가 된다. 가령 내가 최근 본 영화와 책에 대해 쓴 일기를 예로 들어보겠다(예 2-6).

요전에 영화 〈왜 당신은 총리가 될 수 없나〉를 보았다. 오가와 준야(小川淳也) 의원을 추적한 다큐멘터리 영화다. 매우 흥미로운 영화로, '재미있네'라는 생각만 하고 말 수도 있지만, 영화를 본 경험을 1줄 일기에 써서 돌아보면 보다 많은 것을 배울 수 있다.

이 영화에서 오가와 준야 의원은 성실하고 열정적이며 높은 뜻을 가진 정치가로 그려진다. 반면에 성실함 때문에 당내 정치에 휘둘리고 국정에서는 '존재감이 약한' 인물로 표현된다(그렇게 묘사되는 인상을 받았다는 뜻이다).

이를 자신에게 밀착시켜 생각해보니 리더는 당연히 높은 뜻

예 2-6 | 영화 〈왜 당신은 총리가 될 수 없나〉에 대한 일기

1 | MON

- **한 일** | 오가와 준야 의원을 모델로 한 다큐멘터리 영화 〈왜 당신은 총리가 될 수 없나〉를 봤다.
- **자신에게 어떤 의미가 있나?** | 높은 뜻을 가진 리더지만 성실함 때문에 이리저리 놀림당하는 경우도 있다.

  리더로서의 나는 어떨까?
- **그거야!** | 역시 익살도 있어야 한다.
- **해보자** | 다음 강연에서는 적극적으로 익살을 섞어 말해보자.

2 | TUE

- **한 일** | 강연회에서 익살스럽게 말했더니 분위기가 좋아졌다.
- **자신에게 어떤 의미가 있나?** | 청중을 사로잡는 이야기 방식을 터득하고 싶다.
- **그거야!** | 역시 익살도 있어야 한다.
- **해보자** | 다음번에도 익살을 활용하자.

을 가지고 있어야 하지만, 그것만으로는 부족할 수 있다는 깨달음을 얻었다. '역시 익살도 있어야 한다'고 생각해 다음 날 기업 세미나 강연에서 시험 삼아 의식적으로 익살스런 말을 더하자 분위기가 좋아졌다. '역시 같은 메시지더라도 익살이 가미되면 더 잘 전달된다'는 교훈이 행동을 통해 강화된 것이다.

나는 오가와 준야 의원을 실제로 만난 적은 없지만 영화를 보고 '나에게 어떤 의미가 있을까?' 하고 자신에게 밀착시켜 돌아보는 과정을 통해 오가와 의원을 본보기로 배울 수 있었다.

항상 이런 식으로 생각하고 실행하면 좋든 싫든 성장 속도는 빨라진다. 독서로 돌아보기를 한 예도 소개하겠다.

나는 경제경영서든 만화든 '나에게 어떤 의미가 있을까'라는 시점에서 읽는다. 예전에는 이 책으로 공부하자는 생각에 밑줄을 치며 읽기도 했지만, 결국 '나에게 어떤 의미가 있나'라고 돌아보지 않으면 그저 읽은 것으로 끝날 뿐, 완전히 자기 것이 되지 않는다.

최근에 소프트뱅크 손정의 회장의 궤적을 추적한 《손정의-사업가의 정신》이라는 책을 읽었다. 단순히 손정의 회장의 삶을 지식으로서 알아두는 것도 좋지만, 나는 '왜 그는 이런 판단을 했을까', '이 의사결정을 위해 필요한 건 무엇일까' 등, 스스로 생각하면서 읽은 덕에 보다 많은 깨달음을 얻었다. 어떤 아웃풋으로 연결할 수 있을지에 대해 의식하며 읽어야 비로소 자기 것이 된다.

책을 다 읽고 난 후 '손정의 회장은 이런 식으로 세계와 관계하려 하는구나'라는 감상을 1줄 일기에 쓴다. 그리고 일기를 다시 읽으면서 나는 어떤 식으로 세계와 관계하고 싶은지 고민한다.

이런 식으로 책을 통해 손정의 회장이라는 위대한 경영자와 대화할 수 있고 이를 통해 배움을 얻을 수 있다. 현역 경영자가 아니어도, 또 만난 적 없는 사람이라도 상관없다. '나라면 어떻게 할까'라는 생각을 하며 읽으면 저자가 역사상의 인물이더라도 시공을 초월해 대화할 수 있고, 또 그 사람을 통해 배울 수 있다. 이 사이클을 빠른 속도로 반복하는 것이 성장의 동력이 된다.

예 2-7 | 책《손정의 – 사업가의 정신》을 읽고 쓴 일기

1 | MON
- **한 일** | 《손정의 – 사업가의 정신》을 읽고 손정의 회장이 지향하는 세계와 관계하는 방식에 감동했다.
- **자신에게 어떤 의미가 있나?** | 손정의 회장은 왜 이렇게 생각했

을까. 나는 세계와 어떻게 관계하고 싶을까.

- **그거야!** | 수준이 조금 다를 수 있다.

하지만 애당초 수준의 높고 낮음이 상관있을까?

- **해보자** | 당장은 아이디어가 떠오르지 않으니 계속 생각하자.

3장

'1줄 일기'로
매일을 바꾼다

– 일, 배움, 생활습관

습관이야말로
자신을 바꾸는 수단이다

'1줄 일기' 쓰기를 습관화했다면 거기서 얻은 깨달음으로 구체적인 행동을 취하고, 이를 일상적으로 하는 것이 효과적이다.

예컨대 하루의 행동을 돌아보고 '이 미팅은 준비가 부족했다'고 느꼈다고 하자. 이때 다음 미팅부터는 일주일 전에 준비를 시작하거나 미팅 날짜가 정해진 시점에서 필요한 조사를 미리 끝내두고 당일에는 30분 전에 도착해 자료를 확인하는 등, 개선을 위한 행동들을 생각해볼 수 있다.

나는 강연과 연수를 할 때 가능한 한 30분 전에는 정해진 장소에 도착하도록 한다. 자료 준비는 전날까지 끝내는데, 자료와 차례 확인, 그리고 어떤 식으로 말할지 등, 전체적인 시뮬레이션을 이 30분 동안 집중적으로 한다. 지금까지의 돌아보기를 통해 이런 행동을 일상적으로 하게 되었다.

미팅과 상담(商談)을 할 때도 마찬가지다.

어떤 대화가 될지 생각하면서 시간을 내준 상대에 대한 정보를 인터넷이나 책으로 알아본다. 애써 시간을 내준 상대에 대해 알아보지 않는 것은 예의에 어긋나는 데다가, 상대에 대해 잘 알지 못하면 기회를 제대로 활용하지 못할 수도 있다. '당신에 대해 모르니 가르쳐달라'고 하기보다 '책에서 이 이야기를 읽고 흥미로웠는데 좀 더 들려달라'고 하면 더 많은 것을 말해줄 것이다. 그리고 내가 어떤 이야기를 해야 유익한 시간이 될지도 고민한다.

그날을 마무리하면서는 생각대로 일이 풀렸는지를 포함해, 하루를 돌아보는 재료로 삼는다. 계획을 세워서 행동하면 돌아보기가 쉬워진다. 자신의 의도와 기대가 분명해지기 때문이다.

내가 미팅 하나에도 이렇게까지 준비하는 이유는 원래 소통에 자신이 없어서다. 처음 만났을 때 분위기가 어색해지면 어쩌나, 무슨 말을 해야 할지 몰라서 횡설수설하면 어쩌나 걱정했다.

선천적으로 소통 능력이 뛰어나서 어디서든 분위기를 띄우며 자연스럽게 녹아드는 사람이었다면 이런 준비는 하지 않아도 된다. 그런 능력이 없는 자신을 돌아보고 안 되겠다 싶어서 노력했다. 가능한 한 분위기가 무거워지지 않으면서 서로에게 유익한 시간을 보내려면 어떻게 해야 할지 미리 생각해 준비하는 것을 나의 일상으로 만들어버린 것이다.

이런 과정을 반복하는 것이 힘을 만든다.

 ## 습관은 '언제든지 자신을 바꿀 수 있는 수단'이다

1줄 일기는 달리면서 자세를 바로잡아가는 도구다.

만일 빨리 달리고 싶다면 가장 먼저 무얼 할까. 달리기에 관한 책을 읽을 수도 있고 성능 좋은 러닝슈즈를 살 수도 있다. 하지만 무엇보다도 가장 중요한 것은 직접 달려보는 것이다. 50미터든 100미터든 일단 달려봐야 자신의 달리기 기록이 어느 정도인지, 자세는 어떤지 알 수 있다.

처음부터 빨리 달릴 필요는 없다. 중요한 것은 돌아보기의 재료가 있는가다. 어쩌면 비참한 기록을 직시하고 며칠간 충격에서 벗어나지 못할 수도 있다. 그러나 기록이 있다면 그 숫자가 아무리 비참해도 쉽게 돌아보기를 할 수 있게 된다. 노트나 애플리케이션에 '100미터를 뜀. 기록은 18초'라고 쓰자. 그 현실과 마주하는 것에서부터 시작한다.

뭔가 새로운 것을 시작하거나 자기 자신을 바꾸고 싶을 때 사람들은 무조건 인풋부터 하려고 한다. 나도 그랬다. 처음에는 인풋부터 시작하는 것도 좋지만 가능한 한 아웃풋(행동)을 통해 인풋하는 흐름을 의식하자. 인풋→아웃풋보다 아웃풋→돌아보기→인풋 순서로 해야 훨씬 빠르게 성장할 수 있다. 이것이 내가 실감한 사실이다.

즉, 빨리 달리고 싶다면 달리기 관련 책을 10권 읽은 후에 달리는 것보다 일단 직접 달려보고 '좀 더 편한 호흡법은 없을까?', '어떻게 팔을 흔들어야 할까?' 등을 고민한 뒤 필요한 지식을 인풋하는 것이 효율적이다.

달리기 방법에는 매뉴얼이 있지만 비즈니스에는 정답이 없다. '이쪽을 선택하면 리스크가 전혀 없음'인 상황은 애초에 존재하지 않는다. '이런 상황에서는 좀 더 준비한 후에 하자'고 자꾸 미루면 귀한 시간만 낭비해 결국 '100가지의 완벽한 시뮬레이션을 했지만 아무것도 할 수 없었다'는 결과가 나올 수 있다.

그렇게 되지 않으려면 먼저 '이렇게 하면 되지 않을까' 하는 가설을 세워 행동해야 한다. 트라이 앤드 에러Try and Error, 즉 시행착오를 반복하면서 가설을 재점검하는 것이다. 이를 속도감 있게 반복해 자신의 가설을 정답으로 만들어간다.

인간이 성장하는 데 지름길은 없다. 다소 효율적인 방법은 있을 수 있으나, 우선 행동하는 것보다 좋은 것은 없다. 방법론만 연구하며 매일 체험을 통해 배우는 것을 게을리하면 귀중한 시간을 낭비할 뿐이다.

'행동→돌아보기→깨달음'을 얻고 바로 다시 행동하는 사이클을 습관화하여 우직하게 지속하는 것이 인생의 성공을 좌우한다. 여기서는 1줄 일기를 사용해 일을 개선하는 방법을 소개하고자 한다.

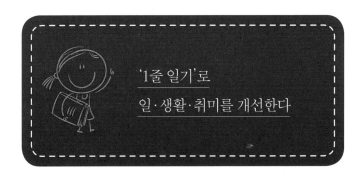

'1줄 일기'로
일 · 생활 · 취미를 개선한다

이는 딱히 어렵지 않다. 앞서 설명했듯이 '1줄 일기'를 쓰면 되기 때문이다.

업무 개선의 경우, 깨달음에서 그치지 않고 '앞으로 어떻게 할까'에 대한 구체적인 방책이 나오면 더욱 좋을 것이다. 예를 들어 설명하자.

예 3-1, 3-2는 직장과 생활 속에서 일어난 실수에 대해 쓴 일기다. 예 3-1에는 만나고 싶었던 담당자를 만나지 못했다, 상사와 인식에 차이가 있었다, 휴관일을 착각했다 등의 실수가 쓰여 있다. 이런 착각은 흔히 할 수 있다. 클라이언트를 화나게 할 정도의 실수가 아니더라도 같은 실수를 반복하면 쉽게 성과를 올릴 수 없다.

그래서 일기를 써서 돌아보는 것으로 '앞으로는 사전에 약속을 잡아 방문하자'는 깨달음을 얻었다. 또, 그 후에도 돌아보기를 반복해 '나는 이런 실수를 많이 하는구나. 어쩌면 근거 없는 전제를 바탕으로 일을 진행하는 버릇이 있는 것일지 모른다'는 깊은 깨달음을 얻을 수 있었다.

이처럼 자신에 대한 깨달음이 생기면 그것을 토대로 사전에 신경 써야 하는 것들을 알 수 있다. 예 3-2에서는 자신의 건망증에 관한 일기를 돌아보며 개선책을 생각했다.

예 3-1 | 일기로 업무 실수 개선하기

8 · August

1 | MON

- **한 일** | A사에 방문해 신제품을 소개하고 싶었는데 담당자가 바뀌어 만날 수 없었다.
- **자신에게 있어서의 의미** | 준비가 부족했다.
- **그거야!** | 제멋대로 전 담당자가 나올 거라고 여긴 게 아닐까?

* **해보자** │ 사전에 약속을 잡아 방문해야겠다.

2 │ TUE

* **한 일** │ 상사의 지시대로 자료를 만들었다고 생각했는데 그렇지 않았다.

* **자신에게 있어서의 의미** │ 잘못 이해했다.

* **그거야!** │ 나의 편견이었을지도 모르겠다.

* **해보자** │ 지시를 받으면 반드시 확인해보자.

3 │ WED

* **한 일** │ 헬스장에 갔는데 휴관이었다.

* **자신에게 있어서의 의미** │ 다음 주는 휴관한다고 말했던 것 같기도 하다.

* **그거야!** │ 중요한 내용을 깜빡 흘려듣기 쉽다.

* **해보자** │ 일정을 확인할 것.

↓

중간 깨달음

나는 편견이 심하다. 근거 없는 전제를 두지 말고 무슨 일이 있어도 괜찮게끔 준비하는 자세가 필요하다.

8 · August

---

1 | MON

- **한 일** | 물건을 사려는데 지갑이 없는 것을 알아챘다!
- **자신에게 있어서의 의미** | 자주 있는 일이지만 매번 난감하다.
- **그거야!** | 가방을 바꾸면 거의 매번 깜빡하는 것 같다.
- **해보자** | 지갑 두는 장소를 정해놓고 매번 지갑을 가방에 넣는 방식으로 바꿔보자.

2 | TUE

- **한 일** | 휴대전화를 깜빡하고 챙기지 않아서 도중에 난처했다.
- **자신에게 있어서의 의미** | 충전 중인 것을 잊어버리고 그대로 나갔다.
- **그거야!** | 서둘러 나가는 것이 원인일지도 모르겠다.
- **해보자** | 나가기 전에 다시 한번 확인하자.

↓

중간 깨달음

밖에 나갈 때 다시 한번 확인하지 않는 것이 문제라면 거실에 지갑과 휴대전화 충전기를 놔두는 장소를 만들면 된다!

'구체적', '추상적' 깨달음으로 팩을 만든다

무언가를 개선하기 위한 깨달음은 예 3-1처럼 '사전에 약속을 잡는다'는 구체적인 개선책과 '근거 없는 전제를 두지 않는다'는 추상적인 내용이 결합되면 활용하기 쉽다. 앞서 소개한 '중간 돌아보기'로 그루핑할 때 이를 의식하면 좋을 것이다.

가령, 나는 2020년 봄에 개그맨 시무라 켄이 코로나 바이러스로 사망했다는 뉴스를 접하고 큰 충격을 받았다. 어릴 적부터 텔레비전을 통해 봐왔던 사람이라 그런지 시무라 켄은 죽음과는 거리가 먼 존재처럼 느껴졌기 때문이다. 그 뉴스를 보고 사람은 누구나 죽는다는 사실, 시무라 켄 같은 대스타도 그 예외가 아니라는 사실을 깨달았다.

그때 예전에 읽은 책이 떠올랐다. 그러고 보니 '죽음을 각오할 만큼 큰 병에 걸린 사람 중에는 그 후에 최선을 다해 무언가를 이뤄내는 사람이 많다'는 것을 깨달았다.

그리고 지금의 나에 대해서도 깨달았다.

'이전에 내가 죽는 게 아닐까 하고 생각했을 때는 1분 1초가 아까웠다. 그런데 지금은 너무 게으르다. 몸이 건강해 걱정이 없어졌기 때문일까', '죽음은 항상 의식하지 않으면 잊어버릴 수 있다. 매일 나는 죽는다고 생각하면 정상적으로 생활하기 힘들기 때문에 이런 기억은 약해지게끔 되어 있는 걸지도 모른다'고 생각했다.

깨달음을 얻었다면 다음은 행동으로 옮기는 것이다. '사람은 누구나 죽는다'는 것을 매일 말로서 입 밖에 내야 한다고 생각해 이를 습관으로 만들었다.

나는 시무라 켄의 죽음을 계기로, '사람은 누구나 죽는다', '죽음을 각오한 사람은 무언가를 이뤄내는 힘이 강하다', '죽음은 의식하지 않으면 잊어버릴 수 있다'는 추상적인 깨달음을 얻었다. 그리고 이를 '매일 죽음을 의식한다'는 구체적인 습관으로 만들었고, 하나의 깨달음의 팩(덩어리)을 완성시킨 것이다.

추상적인 팩만으로는 '사람의 목숨이 유한하다는 것은 알지만 나는 어떻게 해야 하나'라는 구체적인 생각에는 미치지 못한다. 반면에 '회의 때는 30분 전에 도착해 준비한다' 등의 구체적인 팩만 있는 경우, 자신이 인생에서 실현하고 싶은 것을 찾기 어렵다. 추상적인 팩과 구체적인 팩, 양쪽 모두 있어야 다음 행동으로 쉽게 이을 수 있다.

1줄 일기를 공부와 운동, 다이어트에 활용한다

1줄 일기를 통한 돌아보기는 공부와 운동, 다이어트에도 활용할
수 있다. 참고를 위해 사례를 소개하자.

예 3-3 | 영어 공부에 관한 일기

8 · August

1 | MON

- **한 일** | 영어회화 학원에서 최근의 시사 문제에 대해 이야기를 나
  누었다.
- **자신에게 있어서의 의미** | 경제용어 중 모르는 단어가 많다는 것
  을 알았다.
- **그거야!** | 알아두면 도움이 될 수 있다.
- **해보자** | 영어 잡지 〈NewsWeek〉의 헤드라인 하나를 매일 읽자.

2 | TUE

- **한 일** | 영어 잡지 〈NewsWeek〉를 훑어봤다.
- **자신에게 있어서의 의미** | 같은 뉴스라도 전달 방식이 일본과 다
  르다고 생각했다.

- **그거야!** | 비교하며 차이를 알아가는 게 재미있다.
- **해보자** | 시간이 있을 때 기사 하나를 읽어보자.

예 3-4 | 마라톤에 관한 일기

8 · August

1 | MON

- **한 일** | 다음 역까지 5km를 달려봤다.
- **자신에게 있어서의 의미** | 속도가 느려 출전하고 싶은 대회도 시간 내에 뛰지 못할 수 있다.
- **그거야!** | 목표로 하는 대회나 달리기 자세를 다시 확인하고 싶다.
- **해보자** | 목표를 바꾸는 것을 검토하자.

2 | TUE

- **한 일** | 지인이 알려준 요령대로 5km를 달려봤다.
- **자신에게 있어서의 의미** | 자세를 조금 바꿨을 뿐인데 달리기가 편해졌다.
- **그거야!** | 자세 하나로 이렇게 달라지는구나!
- **해보자** | 달리기에 관한 책을 읽고 좀 더 연구해보자.

8 · August

1 | MON

- **한 일** | 야근 후 배가 고파 편의점에 들러서 먹을 것을 왕창 사 야식을 먹었다.

- **자신에게 있어서의 의미** | 배가 고프다고 무조건 먹을 것을 사면 안 된다!

- **그거야!** | 그럴 때는 먹을 것을 사러 가면 안 되려나?

- **해보자** | 미리 간단한 요깃거리를 사두자.

2 | TUE

- **한 일** | 야근할 것 같아서 미리 밥을 먹었는데, 집에 가기 전에 편의점에 들러 먹을 것을 샀다.

- **자신에게 있어서의 의미** | 왜 이렇게 많이 살까?

- **그거야!** | 먹고 싶어서가 아니라 뭔가를 사고 싶어서 사는 걸까?

- **해보자** | 달리 기분을 충족시킬 만한 것을 찾는 것이 좋지 않을까?

↓

이후의 깨달음

스트레스 때문에 먹을거리를 사는 것일 수도 있으니 퇴근길에 헬스장에 가는 등, 다른 습관을 만들어보자.

진심으로 쓰면 자신의 생각도 확실해진다

일기에는 진심으로 깨달은 것을 써야 한다.

　다음 예에서의 첫 번째 깨달음은 동료의 업무가 '대단하다'고 생각한 것이다. 그러나 대단하게 느낀 것을 전부 그대로 받아들일 필요는 없다.

예 3-6 ｜ 일기로 나의 생각 알기

　1 ｜ MON

- **한 일** ｜ 사내 기획회의에서 프레젠테이션을 했다.

- **자신에게 있어서의 의미** ｜ 동료가 프레젠테이션용으로 작성한 파워포인트 자료가 훌륭했다.

- **그거야!** ｜ 애당초 보기 좋은 파워포인트 자료가 중요할까? 제대로 전달만 되면 되지 않을까.

- **해보자** ｜ 나는 시간을 들여 파워포인트 자료를 만들기보다 기획의 양을 늘리는 데 시간을 쓰고 싶다.

　동료가 작성한 파워포인트 자료가 훌륭했다고 객관적으로 인식한 것을 계기로 자신이 어떻게 하고 싶은지 생각한다. 그러면

'자료 디자인에 시간을 들이기보다 기획의 수를 늘리는 것이 나의 강점을 살리는 것'이라는 결론이 나올 수 있다.

보통은 '나도 따라 하자'고 결론 내리기 쉽지만, '나는 그렇게 생각하지 않았다'는 것도 중요한 깨달음이다.

이처럼 돌아보기를 통해 망설임을 정리해서 자신의 생각을 확실히 할 수 있다.

 주제를 정해서 돌아본다

구체적으로 능력을 키우고 싶은 분야가 있을 경우, 주제를 설정해 돌아보기를 하면 좋다. 나의 경우 리더 개발과 커뮤니케이션이 현재의 전문 영역이다.

가령, 화상회의는 대면회의에 비해 의견을 전달하기 어려울 때가 있다. 그래서 이 문제를 해결하기 위해 커뮤니케이션이라는 주제로 1줄 일기를 돌아본다.

그러면 화상회의도 전달하기 쉬울 때와 그렇지 않을 때가 있다는 것을 알게 된다. 며칠간의 기록을 돌아보면서 무엇이 다른

지 고찰하면, '상대가 고개를 많이 끄덕였을 때는 말하기 쉬웠다'는 깨달음을 얻는다.

화상회의에서는 표정이나 미세한 뉘앙스를 쉽게 알 수 없기 때문에 말하는 사람과 듣는 사람 모두 고개를 크게 끄덕이거나 약간 과장되게 반응하면 전달하기 쉽다는 깨달음의 팩이 생긴다.

예 3-7 | 커뮤니케이션을 주제로 일기 돌아보기

1 | MON
- **한 일 |** 온라인 화상회의. 상대방이 조용해서 말하기 무서워졌다.

2 | TUE
- **한 일 |** 온라인으로 미팅. 상대가 반응을 잘해주는 사람이라 말하기 쉬웠다.

3 | WED
- **한 일 |** 온라인 화상회의. 반응이 없으면 목소리가 점점 작아지는 것 같다.

↓

중간 깨달음
말하는 사람과 듣는 사람 모두 반응을 크게 하는 것이 더 잘 전달된다.

이외에도 커뮤니케이션 개선에 도움이 되는 깨달음을 준 일기 예를 예 3-8, 예 3-9에서 소개한다.

예 3-8 | 리더로서 팀을 이끄는 것에 관한 일기 예시

8 · August

1 | MON

- **한 일** | 리더가 되어 처음으로 부원들 앞에서 최근의 연습 내용과 다음 주 연습 시합에 대해 말했다.

- **자신에게 있어서의 의미** | 사람들 앞에서 말할 때 지레 겁을 먹어 당황했다.

- **그거야!** | 하지만 나의 이야기를 들어준 사람도 있었다.

- **해보자** | 일단 들어주는 사람을 대상으로 말해볼까.

2 | TUE

- **한 일** | 연습 중에 사담이 많다고 주의를 주었는데 부원 몇 명은 모른 체했다.

- **자신에게 있어서의 의미** | 당연한 것을 지적한 것인데 왜일까?

- **그거야!** | 당연한 것을 말해도 들어주지 않는 사람도 있다.

- **해보자** | 말투에 대해 고민하는 것이 좋을까? 고문 선생님에게도 의논해보자.

8 · August

1 | MON

- **한 일** | 오늘도 직장 선배가 푸념만 해서 나까지 의욕이 떨어졌다.
- **자신에게 있어서의 의미** | 이런 관계는 끊고 싶다.
- **그거야!** | 선배는 서로 푸념을 나누는 것으로 사이가 좋아질 수 있다고 생각할지 모른다.
- **해보자** | 먼저 다른 화제를 던져보면 어떨까.

2 | TUE

- **한 일** | 오늘도 선배가 푸념을 늘어놓기에 '죄송하지만 바빠서요' 하고 도중에 끊었는데 딱히 뭐라 하지 않았다.
- **자신에게 있어서의 의미** | 나의 의사를 전달해도 별일 없었다.
- **그거야!** | 인간관계에서는 일단 생각을 전달하는 것이 중요할지 모른다.
- **해보자** | 지금까지 조심했던 것들도 좀 더 용기를 내서 말해보자.

주제를 정해 돌아보기를 축적해나가면
자신만의 이론이 만들어진다

예 3-7처럼 커뮤니케이션을 주제로 돌아보기를 반복하면 화상 회의는 물론, 평소의 대화나 강의에서도 '오늘은 반응이 2% 부족했네' 하고 의식하게 되어 '바꿔보면 어떨까', '말을 쉽게 전달하려면 어떻게 해야 할까' 등에 대해 고민하게 된다.

이런 축적을 통해 자신의 커뮤니케이션 스타일이 형성되고, 돌아보기를 해서 언어화함으로써 자신만의 커뮤니케이션 이론이 구조화된다.

가령, 화상회의를 하는 경우가 늘었다고 하자. 이 경우 1줄 일기에는 '조금 일찍 참가해서 팀원들과 잡담하니 좋았다', '회의 중, A 씨의 자녀가 화면에 나오는 바람에 긴장감이 사라졌다', 'B 씨가 발언하고 싶어 손을 들었는데 진행자가 미처 보지 못했다' 등등, 그날 일어난 일과 깨달은 것을 쓴다.

그 일기를 다시 읽어보면 '화상회의 때는 용건만 처리하는 경향이 있지만, 팀 빌딩team building에 있어 잡담은 매우 중요하구나', '부장은 아이 앞에서는 하염없이 인자한 얼굴이 되는구나.

사생활을 살짝 엿볼 수 있다는 것은 화상회의만의 이점일 수도 있겠네', '화면이 작은 만큼 실제 회의보다 더 빈틈없이 살피는 것이 중요하다' 등의 깨달음을 얻을 수 있다.

그런 깨달음을 커뮤니케이션이라는 주제로 돌아보면 '화상회의에서는 조금 느긋하게 대화하는 것이 중요하다. 잡담 시간을 만드는 것으로 적어지기 쉬운 팀 내 커뮤니케이션을 활성화할 수 있기 때문이다'와 같은 의견으로 이을 수 있다. 그렇게 되면 사람들 앞에서 자기 생각을 말하거나 이벤트 등지에서도 중요한 주장으로서 전달할 수 있게 된다. 또한 기술적인 요령뿐만 아니라 차츰 그 방면에서 자신의 '감각'을 언어화할 수 있게 된다.

참고로 이 주제는 비즈니스에 관한 것이 아니어도 상관없다. 매일 아침 커피 마시는 것을 좋아하면 '커피 맛있게 타는 법'도 좋고, 라면을 좋아하면 '유명 라면 맛집 주인들의 공통점'도 괜찮다.

'나도 책을 써보고 싶은데 어떤 주제로 써야 할지 모르겠다', '블로그를 시작해보고 싶은데 쓸거리가 없어 계속하기 힘들다'는 상담을 받을 때가 있다. 그 사람이 가장 잘 아는 것은 매일 일상적으로 하는 일, 지금까지 계속해온 취미, 그리고 자신에 관한 것이다.

그것들로부터 가능한 한 많은 깨달음을 얻어 주제를 정해서 이론을 구조화할 수 있으면 반드시 그 길의 '전문가'가 될 수 있다. 참고로, '라면 맛집 탐방 취미'를 주제로 쓴 일기를 예로 소개하자(예 3-10).

예 3-10 ㅣ 취미로 하고 있는 라면 맛집 탐방 일기 예시

8 · August

1 ㅣ MON

- **한 일** ㅣ 새로 오픈한 '○○'라는 가게에서 라면을 먹었다.
- **자신에게 있어서의 의미** ㅣ 고명은 없고 단순한 간장맛 라면이란 것이 마음에 걸렸는데 맛있었다.
- **그거야!** ㅣ 국물과 면만으로도 이렇게 맛이 있다는 것을 발견했다!
- **해보자** ㅣ 앞으로 라면집에 갈 때는 주인에게 국물을 낼 때 자기만의 철칙이 있는지 물어보고 싶다.

2 ㅣ TUE

- **한 일** ㅣ 근처 라면집에 신메뉴가 나왔다고 해서 가봤다.
- **자신에게 있어서의 의미** ㅣ 규슈라면 전문점이 간장맛 라면을 판다고 해서 마음에 걸렸는데 예상 외로 맛있었다.
- **그거야!** ㅣ 소스와 국물의 밸런스로도 맛이 달라진다!

• **해보자** | 국물의 재료에 대해서도 조사하면서 라면집에 대한 블로

그 기사를 써보자.

↓

중간 깨달음

소문난 라면 맛집은 재료에 대한 자기만의 철칙이 있다.

앞으로도 무엇이 어떻게 변하는지 라면 맛집 순례를 해보고 싶다!

나만의 '프레임워크화'로
성장 속도를 높인다

'1줄 일기'를 꾸준히 쓰면 매일 많은 것을 관찰해 글로 표현한 기록이 쌓인다. 나는 그것들을 여러 번 다시 읽으면서 매일의 체험을 프레임워크화(구조화)한다.

구조화란 무엇일까. 조금 어려운 말로 설명하면, 사례 하나하나에 대해 돌아보기를 해서 다른 영역에 응용할 수 있는 이론으로 만들어가는 것이다.

경영학에서는 프레임워크라는 것을 활용한다. 이것은 '어떻게 시장분석을 할까', '제조 라인을 재점검해야 하는데 어디서부터 손을 대야 할까' 등의 문제를 해결할 때 사용하는 틀이다.

이 중 유명한 것으로 비즈니스 환경을 분석하기 위한 '3C 분석'이 있다. '시장Customer', '경쟁자Competitor', '자사Company'의 머리글자를 딴 것으로, 시장을 분석할 때는 이 3C의 틀에 적용해 생각한다.

이런 프레임워크를 사용함으로써 시장분석을 할 때마다 방대한 정보 앞에서 '무엇부터 분석해야 하나' 하고 어찌할 바를 모른 채 멈추지 않고 효율적으로 진행할 수 있다. 즉, 프레임워크는 복잡한 문제를 해결할 때의 공통점을 발견해서 다른 문제에도 적용할 수 있게 하는 도구라 할 수 있다.

그렇다면 자기만의 프레임워크를 찾으면 보다 빠른 속도로 성장할 수 있고, 문제가 생겨도 쉽게 대처할 수 있지 않을까. 물론 이는 경영에 국한된 것이 아니라 인간관계, 밴드 연습에도 응용할 수 있다.

1줄 일기 쓰기를 지속하면 다양한 개별적인 체험이 언어화되어 노트나 애플리케이션에 축적된다. 나는 그것들을 몇 번이고 다시 읽으면서 개별적인 체험을 연결해보거나 다시 나열해 구조화(프레임워크화)한다. 내가 1줄 일기를 구조화할 때의 패턴은 세 가지가 있다.

① 공통점을 찾는다

예컨대, 어느 사흘간 내가 쓴 1줄 일기는 이런 느낌이다.

- **첫째 날** | 어린이가 대상인 워크숍을 개최했다.
- **둘째 날** | 학생 창업가들과 이야기를 나누었다.
- **셋째 날** | Z아카데미아(인터넷 검색엔진 업체 Z홀딩스 전체의 기업 내 대학)의 워크숍에서 강의했다.

  사흘간 참가한 각 이벤트의 대상이 되는 사람들은 다르다. 하지만 돌아보기를 하다 보니 말투만 다를 뿐, '대상자의 연령이 달라도 전달하고 싶은 본질은 똑같다', '이대로 하면 된다'는 깨달음을 얻을 수 있었다.

  이것은 어찌 보면 인수분해와 비슷하다. 각각의 일을 다시 보면서 공통점과 차이점을 발견하고 공통점이라 생각되는 것들을 하나로 묶는다. 그렇게 함으로써 '상대의 나이에 따라 말투나 표현을 바꾸지 않으면 잘 전달되지 않는다', '하지만 어느 연령대든 자신이 하고 싶은 것을 하려고 한다. 그런 사람들의 어깨를 가볍게 두드려줄 수 있는 말과 방법론이 필요하다'는 사실을 알 수 있다. 이처럼 서로 다른 일을 나름대로 구조화하면 공통점이 보인다.

② 시간 순서로 나열한다

각각의 일을 시간 순서에 따라 생각하는 방식이다. 반년 전에 비해 얼마나 성장했는지, 가령 '영어 실력이 이 정도 향상했다' 등을 분석할 수 있다.

- **반년 전** | 스티브 잡스의 스피치를 들었는데 90%는 알아듣지 못했다.
- **3개월 전** | 스티브 잡스의 스피치를 매일 들었더니 50%는 이해할 수 있게 되었다.
- **오늘** | 반년 전의 스티브 잡스의 스피치를 외웠다. 발음 하나하나를 전부 알아들을 수 있다.

③ 상대적으로 생각한다

대개는 눈앞의 일에 정신을 빼앗기는데, 일단 1줄 일기에 써서 각각을 비교하면 상대적으로 '이때의 어려움에 비하면 대수롭지 않다'고 생각할 수 있다. 또, 나열해보는 것으로 '어쩌면 그 사람의 그 말에는 이런 의미도 있지 않았을까' 하고 보다 다면적으로 돌아볼 수 있다.

- **1년 전** | 일이 한꺼번에 너무 많이 몰아쳐서 힘들다.

- **오늘** | 일이 한꺼번에 너무 많이 몰아쳐서 정말 힘들다.

  (아니, 1년 전에 거의 같은 내용의 일기를 썼었네? 그런데 그때와 비교하

  면 지금은 완전 별것 아니야…….)

 부정적인 일이 긍정적으로 변한다

'1줄 일기'의 의미는 여러 번 돌아보는 데 있다. 과거에 일어난 일도 다시 보면 해석이 달라진다.

예컨대 짜증나고 맥 빠지는 일이 있었다고 하자. 나의 경우에는 코로나 바이러스 때문에 시간을 들여 준비한 이벤트를 중지할 수밖에 없었다. 그날의 1줄 일기 내용이다.

'오랜 시간을 들여 준비한 이벤트가 코로나로 중지, 안타깝다.'

슬픔이나 억울함 등 부정적인 감정이 있을 때는 '자신에게 있어서의 의미'를 생각하거나 깨달음을 끌어낼 여유가 없는 경우가 많다. 하지만 그렇다고 현재 상황을 외면해버리면 그만큼 배움의 재료가 줄어든다. 그러므로 일단 1줄만 기록해둔다.

그 후 한 달쯤 지나서 그날 쓴 일기를 다시 읽어보았는데 그것을 썼을 때 느꼈던 부정적인 감정이 완전히 사라진 것을 깨닫고 놀랐다. 그 이유는 첫째, 언어화를 통해 조감하는 시점을 가지게 되었기 때문이다. 1장에서도 언급했듯이 1줄 일기를 쓰는 것은 자신이 한 일을 조감해 구조화하는 것이고, 제삼자의 시점으로 메타인지하는 것이다.

둘째, 시간이 지나 상황이 바뀌어 일어났던 일의 의미가 달라졌기 때문이다. 나는 이 이벤트를 개최하면 이런 분야에 대해 새로 배울 수 있고, 이런 사람들과도 만날 수 있을 것이라는 기대를 하고 있었다. 그래서 이벤트 중지로 나의 기대를 실현시키지 못한 것이 안타까웠다. 하지만 당초의 목표는 다른 기회가 생겼을 때, 혹은 책을 읽거나 온라인에서 이야기를 나누는 사이에 어느새 전부 달성했다.

그 후 이전에 쓴 일기를 다시 읽어보니 이벤트가 중지된 것은 안타까운 일이지만 꼭 화내거나 슬퍼할 필요는 없었다는 것을 깨달았다.

 ## 기회를 잡는 감각을 기를 수 있다

1줄 일기를 여러 번 돌아보는 것이 중요한 것은, 이를 통해 과거에 일어난 일의 의미에 대해 다시 생각해볼 수 있기 때문이다. 일어난 일 자체는 달라지지 않지만 그 기억에 어떤 꼬리표를 붙일지는 현재의 자신에게 달렸다.

똑같은 일을 해도 거기서 얻을 수 있는 깨달음은 계속해서 바뀐다. 이를 반복하면 '감각'을 키울 수 있다.

1줄 일기에 쓰는 것은 일상의 사소한 일과 거기서 얻은 깨달음이다. 매일의 일상을 돌아보고 깨달음을 얻는 습관을 들이면 뭔가 큰일이 있을 때 '지금이 기회!'라는 것을 깨닫는 감각이 생긴다.

조향사는 수천 종이 넘는 향을 코로 구분한다. 이는 선천적으로 뛰어난 후각 덕분도 있지만, 매일 수십 종의 향을 맡아가며

구분해 방대한 가설 검증을 반복하기 때문이기도 하다. 뛰어난 소믈리에도 마찬가지다. 반복을 거듭하다 보면, 자기 안에 회로가 생기고 진화하는 것이다.

감각은 선천적인 것이라고 여겨지곤 하지만, 사실은 근육과도 같다. 단련을 거듭하면 근육이 자라나는 것처럼 감각 또한 매일 꾸준히 반복하는 것으로 키울 수 있다.

 꿈과 목표에 다가가는 첫걸음을 내디딜 수 있다

쉽게 행동하지 못하는 사람 중에는 정보수집과 자기분석에 시간을 소비하는 경우가 많다. 나 역시 그랬기 때문에 잘 알고 있다.

'나의 인생에서 실현하고 싶은 것은 무엇일까?'라는 생각에서 시작해 '어릴 적부터 세계 평화에 공헌하는 일을 하고 싶었다'는 결론을 내렸지만 쉽게 행동으로 옮기지 못했다. '국제기관으로 이직해야 하나? 아니면 NGO로 가야 할까?' 이런 식으로 '장대한 꿈'에 대해 생각하며 시간만 보냈다.

물론 큰 꿈을 생각하는 것은 중요하다. 하지만 그보다는 예를 들어, 오늘 출근길에 무너진 담을 발견한 일을 일기에 쓰고 그것을 돌아보며, 그대로 두면 모두가 불편할 수 있으니 주민센터에 신고하거나, 아니면 어린아이들이 지나는 길에 담이 있는 것은 위험하니까 시의원에게 상담하는 등의 작은 행동을 쌓아가는 것이 세계 평화에 다가가는 지름길일 수 있다. 예 3-11에서 일상생활 속 일어난 일에서 느낀 점을 돌아보고, 자신이 나아가고 싶은 방향을 깨달은 것을 볼 수 있다.

행동할 수 있는 사람은 의욕과 큰 꿈이 있어서 행동하는 것이 아니다. 작은 첫걸음을 내디더 계속할 수 있느냐 없느냐의 차이다. 행동하는 것으로 의욕이 생겨나고 돌아보기를 통해 자신의 방향성이 분명해진다. 그 사이클을 습관으로 만들기만 하면 된다.

'엄청난 무언가'를 할 필요는 없다. 인생에서 한 방 역전은 없다. 매일 착실히 행동을 계속해야 나 자신을 바꿀 수 있다.

습관이야말로 언제든 자신을 바꿀 수 있는 수단이다. 그리고 매일의 돌아보기는 그 자체로 행동을 만들어내는 동력이 된다.

8 · August

1 | MON

- **한 일** | 지인이 이직한 것을 알았다.
- **자신에게 있어서의 의미** | 지인이 부러웠고 나는 이대로 괜찮은 것일까 하는 생각이 들었다.
- **그거야!** | 나는 지인에 비해 공부가 부족할지 모른다는 사실을 깨달았다.
- **해보자** | 내가 가고 싶은 곳에 대해 장기적 안목으로 생각하자.

2 | TUE

- **한 일** | 내가 제안한 내용을 고객이 좋아했다.
- **자신에게 있어서의 의미** | 내가 발안한 내용을 좋아해주니 기쁘다.
- **그거야!** | 상대가 좋아하는 것을 찾았다!
- **해보자** | 전문 지식을 익히자. 더 도움이 될 수 있는 제안을 하면 독립으로 이어질 수도 있다.

4장

'돌아보기'로 자신을 알고, 미래의 자신을 만든다

내가 50대에 해야 할 일을
찾을 수 있었던 이유

"무사시노(武藏野)대학에서 새 학부를 만들어보지 않으실래요?"

2019년, 52세 때 이런 제안을 받았다. 무사시노대학은 1924년 쓰키지혼간지(築地本願寺. 정토진종 혼간지파의 사원 - 옮긴이) 경내에 창설된 무사시노여자학원으로 출발한 사립대학이다. 전통 있는 학부가 있는 것은 물론이며, 2019년에는 니시모토 데루마(西本照真) 학장의 리더십하에 데이터사이언스학부를 신설하는 등, 다양한 시도를 하고 있다.

그런 무사시노대학에서 리더십을 가지고 앞으로 나아가는 젊은이를 양성하기 위한 학부를 신설하고 싶다며 '이토 씨와 이 일을 함께하고 싶다'고 제안한 것이다. 나는 그 말은 들은 순간 "합시다" 하고 수락했다. 왜 고민하지 않고 바로 결정했을까.

그것은 매일 하는 '돌아보기' 덕분에 이것이 내가 가야 할 길임을 직감적으로 알았기 때문이다.

그전까지 나는 Yahoo!아카데미아와 글로비스 경영대학원에서 사회인을 대상으로 강의를 해왔다. 그리고 매일의 돌아보기를 통해 깨닫기 시작한 것이 있었다. 그것은 바로 '성인(사회인)이 된 후의 교육만으로 충분할까' 하는 것이다. 지금껏 사회인 교육을 평생 과업으로 삼아왔고, 나름의 생각을 가지고 배우는 사람들을 도와주는 것은 분명 멋진 일이기는 하지만, 아직 사회에 발을 내딛지 않은 학생을 대상으로 한 교육도 중요하다고 생각하게 되었다. 나는 플러스에 근무했을 무렵부터 여러 분야에서 창업한 사람들과 업무상 접점을 가지고 있다. 그런데 이들 중에는 젊을 때부터 뜻을 가지고 활동해온 사람이 많았다. 그런 사람들과 만나며 '젊을 때부터 자신의 길을 개척해나가는 인재가 늘어나는 것이 이 나라의 활력이 된다. 그렇게 하려면 사회인 교육을 하는 동시에 고등학생, 대학생을 대상으로 한 교육도 해야 하지 않을까' 하는 생각이 들었다.

바쁜 매일을 보내면서 그런 돌아보기를 거듭하던 중 2019년 7월에 열린 글로비스 경영대학원의 '아스카 회의'라는, 수강생 대상 이벤트에 게스트로 초대를 받았다. 그때 그 자리에 나와 마찬가지로 초대를 받아 와 있던 교육개혁 실천가 후지하라 가즈히로(藤原和博) 씨와 1시간 정도 이야기를 나눌 기회가 있었다.

후지하라 씨는 내가 교육의 길을 걷고 싶다고 생각하게 된 계기를 만들어준 분이다. 그런 그가 내게 이렇게 말했다.

"이토 씨도 이제 Yahoo!아카데미아 일에 꽤 익숙해졌으니 결과도 점점 나올 겁니다. 물론 그건 좋은 일이지만 앞으로 1년 사이에 분명 많은 일이 일어날 거예요. 그것이 이토 씨의 인생에 있어 큰 기회가 될 겁니다."

내게 강한 인상을 남긴 후지하라 씨와의 대화 직후에 무사시노대학 학장으로부터 '새 학부를 같이 만들자'는 제안을 받았다. 그 순간 내 안에서 모든 것이 하나로 이어졌다. 매일의 일기에서 깨달은 '점dot'과 후지하라 씨의 말이 하나로 이어져 큰 확신을 갖게 되었고, 순간적으로 '하고 싶다!'고 생각했다. 매일 돌아보기를 하지 않았다면 아마 그 자리에서 바로 결단을 내리지 못했을 것이다.

매일 돌아보기를 하면 축(軸)이 명확해진다. 그러면 나아가야 할 방향이 보이고, 어느 날 기회가 찾아왔을 때 그것을 잡아야 하는지를 순간적으로 판단할 수 있다.

돌아보기를 거듭해 자신의 축을 명확히 해야 비로소 이것이 야말로 내 운명의 일이다라는 확신을 할 수 있다.

이번 장에서는 자신의 축과 앞으로의 방향성으로 연결되는 일기 사용법과 돌아보기 방법에 대해 소개하겠다.

 ## '자신'의 방향성을 발견한다

자신의 꿈을 구체적으로 그릴 수 있는 사람은 그리 많지 않을 것이다. 구체적인 꿈에서부터 역으로 계산해 행동하는 것은 현실적이지 않고 귀찮기도 하다는 것이 나의 개인적인 생각이다. 그러나 매일 돌아보기를 하면 어렴풋이나마 나는 이쪽으로 가는 것이 낫지 않을까, 나는 이걸 좋아하는 게 아닐까 하는 것이 보인다.

예를 들어 설명하자. 다음 예는 '자신이 인생에서 중시하는 것'과 '기분이 좋아지는 일'이라는 두 가지 축으로 그루핑한 일기다.

1 ㅣ MON

• **한 일** ㅣ 전에 일과 관련해 후배에게 조언을 해줬었는데, 그 일이 회사에서 상을 받아 후배가 고맙다고 인사하러 와줘서 기뻤다.

9 ㅣ TUE

• **한 일** ㅣ 고민하는 후배에게 '1년 전보다 이러이러한 부분이 많이 성장했다'고 말해주었더니 크게 기뻐했다.

17 ㅣ WED

• **한 일** ㅣ 일 관련 상담을 하러 온 사람에게 조언을 해주었더니 이후에 '잘됐다'며 좋아했다.

↓

중간 깨달음

나는 누군가의 성장에 도움을 주는 것을 좋아한다.

일기를 그루핑해보니 '다른 사람에게 무언가를 가르쳐줬을 때 그 사람이 좋아하는 모습을 보면 기쁘다'는 내용이 여러 개 있다는 사실이 보인다. 그리고 이것이 바로 자신이 흥미와 관심을 가지는 일이라는 사실을 깨달았다. 이를 통해 '코칭을 공부해보자', '내가 가르칠 수 있는 것은 무엇일까' 하고 한 걸음 더 나아가 고민할 수 있다.

매일 일기를 쓰면 어떤 일을 하면 기분이 좋은지를 발견할 수 있다. 이것이 일회성으로 그치면 쉽게 잊히고, 자신의 커리어로 승화하지 못하지만, 돌아보기를 통해 이런 깨달음이 두 번, 세 번 계속되면 '역시 나는 이 방향으로 나아가는 게 좋다'는 확신이 생긴다.

반면에 예 4-2와 같은 사례도 있을 수 있다. '좋아하는 것'과는 반대이긴 하지만 일상에서 짜증났던 일에 대해서도 '왜 그렇게 생각했을까' 하고 자문하며 깊이 돌아보면 자신의 가치관을 깨달을 수 있다.

이런 과정을 반복해 나가면 '자신이 인생에서 중시하는 것' 몇 가지가 마치 결정(結晶)처럼 뚜렷해진다.

매일 많은 경험을 돌아보다 보면 축의 중요성과 우선순위가 바뀌기도 한다. 2020년 발생한 코로나 바이러스 팬데믹 같은, 생각지도 못한 상황이 일어나면 우선순위는 또 달라질 것이다. 그런 상황에서도 일기를 반복해 돌아봄으로써 자신의 인생에서 소중한 것이 무엇인지 깊이 생각해볼 수 있다.

1 | MON

- **한 일** | 사내 기획회의에서 A 과장이 '시장 전체의 경향을 알고 싶으니 모든 데이터를 보고해 달라'고 해서 팀원인 B가 자신의 주장에 불리한 데이터까지 제출했더니, A 과장이 가장 먼저 그것을 지적해 내가 그 배경을 상세히 설명했다.

- **깨달음** | 대부분의 사람이 자신의 주장에 불리한 데이터는 제출하지 않는데 B는 규칙을 지키려고 제출했을 것이다. 지나친 것도 좋지 않지만, 정직하게 행동한 사람이 그로 인해 의욕이 떨어질 만한 상황은 만들고 싶지 않다.

2 | TUE

- **한 일** | 원래 B의 의견이었는데 그 후 똑같은 아이디어를 C가 말해 가로챈 것처럼 보였다. '그 이야기는 B도 했다'고 퇴짜를 놓았지만 회의의 흐름이 변하지 않아서 화가 났다.

- **깨달음** | 정말 노력한 사람이 보상받지 못하는 상황을 개선하고 싶다.

중간 깨달음

나는 노력한 사람이 제대로 보상받는 공정한 상황을 만들고 싶다.

'1줄 일기'로
자신의 강점을 알아낸다

'관심'과 '잘하는 것'으로 그루핑하면 자신의 강점을 알아내 '꼬리표'를 붙일 수 있다.

기업의 경영을 도와주는 ㈜프로노바의 오카지마 에쓰코(岡島悅子)는 자신에게 꼬리표를 붙이라고 말한다. 예컨대 새로운 프로젝트에 인력을 분배할 때 '회사 내에 이러이러한 인재는 없을까?' 하는 생각을 하게 된다. 그때 '신규 사업 시작·중국·지적 재산' 등 여러 개의 키워드를 머릿속에서 검색해본 뒤 어울리는 인물을 찾는다.

따라서 다른 사람이 어떤 키워드를 검색어로 사용할지를 고

려한 뒤, 자신의 강점을 어필해야 원하는 일에 어울리는 인재로서 발탁되기 쉬워진다. 꼬리표 붙이기는 자신의 능력을 메타인지해서 자신이 어떤 사람에게 어떤 가치로 인식될지, 객관적으로 돌아보는 작업이기도 하다.

예 4-3 | 일기로 자신의 강점을 알아낸다

1 | MON

• **한일** | 다른 부서에서 만든 포스터를 보고 '이렇게 하면 알기 쉽지 않을까' 하고 제안했더니 좋아했다.

2 | TUE

• **한일** | 매년 내가 직접 만든 연하장을 보고 '감각 있다'고 말해주는 사람이 있다.

3 | WED

• **한일** | 오늘은 좋아하는 아이돌 그룹의 라이브 공연에 갔다! 공연장의 열기가 후끈했다.

4 | THU

• **한일** | SNS에 라이브 공연 이야기를 올렸더니 아이돌 열성 팬이

란 것이 회사에 알려져 부끄러웠다.

5 | FRI

• **한일** | 마케팅부의 C가 내게 아이돌에 대해 물었다. 이런 일로 필

요한 존재가 될 줄 몰랐다.

↓

중간 깨달음

나의 꼬리표는 '디자인 감각'과 '아이돌'

과거와 현재와 미래를
연결한다

 '되고 싶은 자신'과 '현재의 자신'을 잇기 위해서

여러분은 꿈과 목표를 갖고 있을까? 개중에는 구체적인 꿈과 목표를 가지고 노력하지 않으면 인생을 헛되게 사는 것이라 생각하는 사람도 있을 것이다.

솔직히 말하자면 나는 구체적인 꿈을 가지고 있지 않다. 야후로 이직한 것도, 책을 낸 것도, 대학의 학부장이 된 것도 생각지도 못했던 일이기 때문이다. 심지어 구체적인 목표를 가지고 있었다면 야후에 이직하지 않았을지도 모른다.

그러나 나아가야 할 방향성은 가지고 있다. 구체성은 없지만 '이런 식으로 세상에 공헌하고 싶다', '세계가 이런 모습이 되었으면 좋겠다' 등, 일종의 북극성이라 할 수 있는 목표다.

이처럼 막연하더라도, 자신을 위한 북극성을 가지고 있는 사람도 있을 것이다.

지금은 북극성을 가지고 있지 않더라도 1줄 일기를 쓰며 돌아보기를 계속하다 보면 반드시 찾을 수 있을 것이고, 그것에 확신을 가질 수 있다.

'현재'를 '미래'로 연결하기 위해서는 매일 하는 일이 그 북극성으로 이어져야 한다. '언젠가 이렇게 되고 싶다'는 희망이 있어도 그 방향으로 가고 있지 않으면 목표하는 곳에 도착할 수 없고, 지금 이 순간 내가 어디에 있는지 알지 못하면 도중에 걱정하고 방황한다.

그래서 내가 실천하는 것이 2장에서 언급한 '큰 돌아보기'다. 큰 돌아보기는 자신이 그리는 방향, 자신이 목표로 하는 길을 걷고 있는지를 일기로 돌아보면서 1개월 혹은 1년 단위로 확인한다. 물론 3개월 단위로 되돌아볼 수도 있다.

큰 돌아보기로는 다음과 같은 것들을 돌아볼 수 있다.

- 이 기간 동안 나는 성장했을까

- 그것은 왜일까

- 나에게 있어서 이 기간이 가지는 의미는 무엇일까

'모두가 자유롭게 말할 수 있는 사회를 만들고 싶다', '체중을 10kg 감량해 사람들 앞에서 자신감 있게 말하고 싶다', '영어로 일할 수 있게 되고 싶다' 등, 이미 나아가야 할 방향을 정해놓았다면 일기로 돌아보면서 자신이 그 방향을 향해 성장할 수 있는지 확인한다.

큰 돌아보기를 할 때 중요한 것은 시간을 충분히 들이는 것이다. 나는 휴양지에 가거나 시내 호텔에 혼자 묵으며 큰 돌아보기를 한다. 긴장을 풀고 1줄 일기를 다시 읽고 머릿속으로 돌아보면서 생각한다. 나는 일부러 말로 풀어내지 않고 머릿속으로 생각하는데, 꼭 이렇게 할 필요는 없다. 본인이 하고 싶은 대로 하면 된다.

1개월 전, 3개월 전, 1년 전 일기를 보면, 대개의 경우 자신이 어떤 형태로 성장하고 있는지 알 수 있다. 물론 전혀 진전 없이 데데한 경우도 있지만, 그래도 다른 측면에서는 무언가 변화가 있기 마련이다. 성장이란 꼭 지식이 늘거나 기술이 향상되어야 하는 것은 아니다. 무언가가 달라진 것만으로도 성장이라고 할 수 있다. 그런 변화(성장)를 느끼는 것이 중요하다. 과거를 통해 지금의 나의 변화를 알아보는 것이다.

목표에 도달할 때까지는 매일 하는 돌아보기만으로는 부족한 부분이 있다. '정신을 차려보니 여기까지 왔다'는 상황을 만들어두지 않으면 자신이 다른 길을 달리고 있다는 느낌이 든다.

예 4-4 | 북극성을 목표로 하는 큰 돌아보기

북극성

- 모두가 자유롭게 말할 수 있는 사회를 만들고 싶다.

일기

- SNS에서 부정적인 말을 봐도 그냥 넘기기로 했다.
- 회의에서 거의 발언하지 않는 사람에게 나중에 어떻게 생각했는지 물어봤다.
- 다음에는 발언해달라고 격려했다.
  - **이 기간 동안 나는 성장했을까**
    성장했다고 생각한다.
  - **그것은 왜일까**

발언하지 않는 사람을 응원하고 격려했다.

- 나에게 있어서 이 기간이 가지는 의미는 무엇일까

나의 주변부터 바꿔나가는 것으로 내가 원하는 사회를 위한 첫걸음을 내딛는 데 성공했다.

북극성

- 다이어트에 성공해 다른 사람들 앞에 서는 것에 자신감을 가지고 싶다.

일기

- 혼자서는 계속하지 못할 것 같아 헬스장 트레이너의 도움을 받기로 했다.
- 트레이너가 나 혼자서는 깨닫지 못할 것들을 일깨워준다.
- 1개월간 지속할 수 있었다!

  - 이 기간 동안 나는 성장했을까

  성장했다고 생각한다.

  - 그것은 왜일까

  꾸준히 계속하지 못하는 자신에서 탈피해 한 걸음 앞으로 나아갈 수 있었다.

  - 나에게 있어서 이 기간이 가지는 의미는 무엇일까

  꾸준히 계속하는 나 자신에 대해 자신감이 생겼다.

'큰 돌아보기'보다 더 큰 시간축으로 자신의 방향성을 확인하는 데 도움이 되는 것이 바로 '라이프라인차트'다.

라이프라인차트는 '모티베이션 motivation (자기동기부여, 자발성) 그래프'라고도 불린다. 태어나서부터 현재까지를 돌아보며 자신의 모티베이션이 상승할 때는 플러스(+), 떨어질 때는 마이너스(-)로 표시한다. 과거의 일을 돌아보면서 그때 자신이 어떻게 느꼈는지, 왜 그랬는지 등을 하나하나 신중히 확인해본다.

과거를 돌아본다는 것은 'Why?'를 돌아보는 것이기도 하다. 가령, 내가 리더개발 일을 할 때 가슴이 설렌다면, 왜 가슴이 설레는지에 대해 생각해보는 것이다.

과거의 행동을 돌아보고 왜 그 행동을 했는지 Why?를 던져가면 무의식중에 자신의 행동을 결정하는 가치관을 알 수 있다. 이 가치관은 바꿔 말하면 '타협할 수 없는 생각'이라 할 수 있다. 즉, 자신의 행동을 결정하는 축이다.

만일 지금 자신이 해야 할 일이 보이지 않거나 무엇을 중시해야 할지 모르는 사람은 1줄 일기와 함께 라이프라인차트(그림

4-1)를 사용해 과거를 돌아보면 '가치관'은 물론, 자신이 중시하는 생각, 그리고 앞으로 어떻게 살아야 할지, 그 길이 보일 것이다.

라이프라인차트를 그리는 방법은 간단하다. 우선, 태어나서부터 지금까지 어떤 일이 있었는지, 그때 자신의 모티베이션이 상승했는지, 아니면 하강했는지를 꺾은선 그래프로 그린다. 모티베이션이 상승했던 일은 플러스, 떨어진 일은 마이너스로 표시하고 시간 순서로 그래프를 연결한다.

그래프를 그린 뒤 다시 보면 의식의 바닥에 묻혀 있던 기억이 떠오를 것이다. 이 기억을 떠올리는 것이 중요하다. 모티베이션이 플러스가 되었던 일, 마이너스가 되었던 일이 기억나면 보충해서 쓴다.

다음으로 그 일이 일어났을 때 구체적으로 어떤 기분이었나, 어떤 행동을 했나, 그 결과 어떻게 됐는지를 쓴다. 이 작업을 통해 자신은 어떤 일이 있으면 모티베이션이 상승하는지, 혹은 떨어지는지가 점점 명확해진다.

그림 4-1 | 라이프라인차트

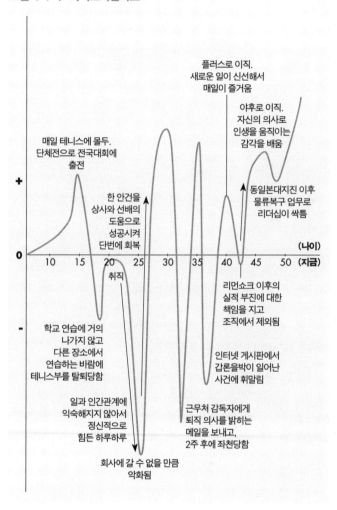

플러스로 이직.
새로운 일이 신선해서
매일이 즐거움

야후로 이직.
자신의 의사로
인생을 움직이는
감각을 배움

매일 테니스에 몰두.
단체전으로 전국대회에
출전

한 안건을
상사와 선배의
도움으로
성공시켜
단번에 회복

동일본대지진 이후
물류복구 업무로
리더십이 싹틈

+

0

10   15   20   25   30   35   40   45   50   (지금)

(나이)

취직

리먼쇼크 이후의
실적 부진에 대한
책임을 지고
조직에서 제외됨

-

학교 연습에 거의
나가지 않고
다른 장소에서
연습하는 바람에
테니스부를 탈퇴당함

인터넷 게시판에서
갑론을박이 일어난
사건에 휘말림

일과 인간관계에
익숙해지지 않아서
정신적으로
힘든 하루하루

근무처 감독자에게
퇴직 의사를 밝히는
메일을 보내고,
2주 후에 좌천당함

회사에 갈 수 없을 만큼
악화됨

돌아보기와 라이프라인차트

여기서 일단 매일 하는 돌아보기와 라이프라인차트에 대해서 정리해두자.

1줄 일기를 다시 읽고 1개월이나 3개월, 또는 1년 단위로 하는 '큰 돌아보기'와 라이프라인차트를 연결해 생각하면 '인생이 이어져 있다'는 느낌이 든다.

예컨대 매일 일에 쫓기면서도 '은행원 시절이나 플러스에서 일할 때도 사람이 생기 넘치게 일할 수 있도록 도와주는 것이 즐겁고 기뻤다'는 감정이 라이프라인차트를 통해 기억나면 '나의 강점을 고려해 커뮤니케이션과 리더십 영역에서 사람들에게 도움이 되는 일을 하고 싶다', '나는 체계나 방법을 만드는 것도 좋아한다' 등의 방향성을 찾을 수 있다.

반대로, 축구 선수가 되어 모두에게 용기를 준다거나 양자 컴퓨터와 관련된 일을 공부하는 것은 안 될 것 같다는 것도 알 수 있다(1줄 일기나 라이프라인차트에 그런 상황은 전혀 쓰여 있지 않으니까).

나의 장기적인 목표는 '모두가 웃으며 사는 세상'을 만드는 것이다. 그런 '북극성'에 다가가기 위해 Yahoo!아카데미아에서 사회인 교육에 힘을 보태고 싶다고 생각한 것이 이직의 계기가 되었다.

나는 북극성을 잃지 않고 기반을 탄탄히 한 다음에는 운명이 이끄는 대로 움직이는 것도 나쁘지 않다고 생각한다. 그래서 '10년 후에는 사장이 되자', '60세까지는 이 일을 하자'와 같은 목표는 없다. 지금이 즐겁고 신나기에 우왕좌왕하면서도 재미있다고 생각하는 일에 차례로 도전하려고 한다.

한두 가지 상황만으로는 납득이 안 될 수 있지만 지금까지의 인생을 조감해 돌아보면 '생각해보니 나는 늘 이것을 고집한다', '이것을 무의식중에 중시해왔다' 등의 사실을 알 수 있다. 그것이 자신의 축이다.

자신의 축은 조금씩 바뀐다. 따라서 라이프라인차트를 정기적으로 다시 보며 지금 중시하고 싶은 축이 무엇인지 확인해 이를 명확하게 해나가야 한다.

과거와 연결되면 자신의 축이 보인다

여기서 사례(예 4-5)를 소개한다. '자신이 나아가야 할 길'을 찾은 사람이 라이프라인차트로 돌아보기를 했다고 하자. 예 4-5에서는 업무상에서 감사를 받은 경험을 통해 자신의 방향성을 발견한다. 일은 일, 사생활은 사생활이라고 명확히 구분할 수는 없다. 따라서 지나치게 구분하려 하지 말고 모티베이션이 상승하거나 떨어진 일을 솔직히 꺼내보자.

예 4-5 | 라이프라인차트와 일기로 '하고 싶은 일'에 확신 가지기

전에 일과 관련해 후배에게 조언을 해줬었는데, 그 일이 회사에서 상을 받아 후배가 고맙다고 인사하러 와줘서 기뻤다.

고민하는 후배에게 '1년 전보다 이러이러한 부분이 많이 성장했다'고 말해주니 크게 기뻐했다.

- **깨달음 |** 나는 누군가의 성장에 도움을 주는 것을 좋아한다.
- **라이프라인차트로 깨달은 것**
  중학생 시절, 배구부의 정규 선수가 되지는 못했지만, 매니저로서 모두의 상황을 보고 조언하다 보니 시(市) 대회를 넘어 현(縣) 대회에서 2위까지 했다. 마지막에 모든 선수가 내게 고맙다고 말해줘 기뻤던 경험이 있다.

→ 이것이 원점일까?

• 미래의 방향

사람은 누구나 성장할 수 있다.

나는 모든 사람의 성장을 도와주고 싶다.

• 오늘부터 할 수 있는 일

회사 내에서 일로 어려움을 겪는 사람을 적극적으로 도와주고 싶다.

• 중기적 목표

코칭 공부를 한다.

때때로 하고 싶은 일이 없다는 사람도 있다. 하지만 자세히 보면 매일의 일상생활은 '하고 싶은 일'과 '인생의 미션'으로 넘쳐흐른다.

그러나 단 한 번의 돌아보기로 발견한 것은 '그때만 그랬을 수 있다'고 넘겨버리기 쉽다. 그것이 두 번, 세 번의 깨달음이 되면 '아무리 생각해도 나는 이런 것을 중요하게 여기는구나' 하는 것이 보인다. 한 번의 돌아보기로 하고 싶은 일을 발견한다기보다 '왜 설렐까', '왜 답답하고 개운하지 않을까', '무엇을 위해 이런 자세를 취했을까' 등을 생각하며 매일 몇 번이고 돌아보기를 하다 보면 자신의 축이 눈에 들어온다.

또, 과거와 연결되면 이러한 생각이 더욱 강해진다. 이렇게 되면 뭔가 중요한 결단이 필요할 때 주저 없이 그쪽으로 움직일 수 있다. 내가 플러스에서 업종이 다른 야후로 이직했고, 또 무사시노대학에서 일하기로 결단할 수 있었던 것처럼.

돌아보기를 하고 라이프라인차트를 만들어보면 자신에게 맞는지 아닌지, 좋은지 어떤지가 명확해진다. 이것을 할 때는 무조건 신난다, 혹은 잘하기는 하지만 내가 진짜로 하고 싶은 것은 이게 아니다, 등의 사실도 깨달을 수 있다.

작은 일이든 큰일이든 언어화해 돌아봄으로써 왠지 모르게 즐겁다는 느낌, 즐겁지 않다는 느낌뿐이었던 것을 자신이 하고 싶은 일로 발전시킬 수 있다.

 구체적인 '중기 목표'는 꼭 필요할까?

그런데 '북극성'과 발밑을 돌아보는 것만으로 괜찮을까. 물론 업무, 다이어트, 자격증 취득처럼 목표를 구체적으로 정하는 편이 행동으로 옮기기 쉬운 경우도 있다. '왠지 이쪽인 것 같아'라는 막연함이 아니라 '실현해야 할 목표'다.

나는 1년에서 5년 단위의 중기 목표는 가능한 한 구체적으로 정한다. 예를 들자면 '내년까지 Yahoo!아카데미아를 Z홀딩스 전체로 전개하자', '내년까지 새 학부를 신설하고 싶다' 등이다.

북극성이라 할 수 있는 목표를 정하고 1줄 일기로 매일을 돌아본다. 단, '모든 사람이 웃을 수 있는 세상을 만들고 싶다'는 장기적 목표와 매일의 일 사이에는 상당한 차이가 있으므로 현실적인 중기 목표를 만들어서 그 사이의 여정을 정해나가는 것이다.

'이 산을 오르고 싶다'가 장기적인 목표라 하면, 매일의 돌아보기는 발밑을 탄탄히 다지면서 한 걸음 한 걸음 올라가는 것이다. 중기 목표는 산속의 어느 오두막을 목표로 할지를 정하는 것이다. 1년 정도 지난 뒤, 오두막에 얼마나 가까워졌는지, 몇 퍼센트 달성했는지, 어떤 것을 하지 못했는지 등을 돌아본다.

항해도를 정확히 따라가기 위해서는 그런 실질적인 중기 목표도 필요하다고 생각하지만, 나의 경우에는 그것이 너무 현실

적이라서 설레지 않는다. 목표를 지나치게 구체적으로 정해 그
것을 달성하려고 하면 업무관리처럼 되어버린다. 또, 내가 야후
로 이직하고 무사시노대학에서 학부를 신설한다는 이야기를 들
었을 때처럼 우연한 만남에 몸을 맡기는 것이 쉽지 않게 된다.
그러니 중기 목표는 '하고 싶은 사람은 한다'는 정도로만 생각
하자. 모두 똑같이 해야 할 필요는 없다.

중기 목표는 어디까지나 장기적 목표를 달성하기 위한 행로
관리라고 생각하자. 매일의 돌아보기를 소중히 쌓아가면서 한
손에 나침반처럼 라이프라인차트를 챙긴다. 북극성을 바라보며
큰 방향을 잃지 않고 나아가되, 세세하게 궤도를 수정해나간다.
이것이 바로 1줄 일기와 라이프라인차트의 역할이다.

인공지능과 로봇의 기술 혁신으로 인해 매스컴에서는 '10년
후에 사라질 직업 리스트'를 대서특필하고 있고, '앞으로는 프로
그래밍을 모르면 살아남을 수 없다'는 말도 들려온다. 이런 시대
의 커다란 변화를 조사하고 예측하는 것도 필요하지만, 자신이
정말 그것에 설레는지, 진심으로 하고 싶은지가 더욱 중요하다.

라이프라인차트로 돌아보기를 해보니 역시 프로그래밍을 배
우고 싶다고 생각할 수도 있고, 모두가 프로그래밍을 배우겠다

고 하더라도 나는 사람과 관계하는 일을 하고 싶다는 것을 깨달아 그 길로 나아갈 수도 있다.

과거를 돌아보는 것으로 자신의 가치관을 확인해 확신을 갖고 미래로 나아갈 수 있다.

자기 자신을 아는 것이
왜 중요할까?

마지막으로, 이번 장에서 가장 중요한 이야기를 하고자 한다.

내가 프레젠테이션 연수를 할 때 마지막에 꼭 하는 이야기가 있다. 그것은 테크닉에 관한 것이 아니라 '자신의 삶을 말하자'다.

누구에게 무엇을 전달하고 싶은지를 분명히 하는 방법, 간결하고 강한 메시지 만드는 방법, 다른 사람에게 나의 뜻을 전달해 행동하게 하는 기술은 존재한다. 하지만 애당초 프레젠테이션에서 무엇을 말해야 가장 설득력이 있을까? 그것은 바로 '자신의 삶'이다.

딱히 거창한 이야기가 아니어도 된다. 가령 음식을 추천할 때도 자신이 맛있다고 생각하는 것은 진심으로 추천할 수 있고, 직접 가보고 감동했던 장소는 진심으로 그 장점을 전달할 수 있다. 이런 관점에서 바라보면 프레젠테이션처럼 타인이 행동하게 하는 것이 목적인 커뮤니케이션에서도 자신의 '내면에 있는 말'을 해야 비로소 사람을 움직일 수 있다.

이는 자신에 대해서도 마찬가지다. 미국의 컨설턴트인 사이먼 사이넥Simon Sinek에 의하면 일반적인 경영자의 연설은 What으로 시작되는 데 비해 스티브 잡스 같은 뛰어난 경영자의 연설은 반드시 Why로 시작된다고 한다. 이것은 뇌과학적으로도 맞는 이야기다. 정서나 의사를 관장하는 대뇌변연계는 Why에 반응한다(그렇기에 '돌아보기'를 할 때도 Why를 활용한다).

인간은 마음에서 우러나는 말이 아니면 움직이지 않는다는 것은 뇌과학 분야에서도 지적하는 바다. 한편, 당연한 이야기지만 자신의 '내적인 말'은 자기 안에만 있다. 내가 경험한 것, 나의 취향, 가치관은 내 안에만 존재한다. 이런 의미에서도 자신의 행동을 돌아보고 가치관을 명확히 하는 것은 중요하다.

스스로 뭔가 하려 할 때든 타인의 지시로 행동할 때든 자기 안에 정말로 그것을 하고 싶다는 생각이 없으면 적극적으로 임할 수 없고, 하물며 그것을 매일매일 우직하게 지속할 수 없다.

'인류는 이래야 한다'는 비전도 좋지만, 진심으로 '이렇게 되고 싶다'고 생각하게 되는 계기는 보다 순수한 기분인 경우가 많다.

자신을 지속적으로 움직이게 하려면 '내면의 말'을 만들어야 한다. 1줄 일기의 돌아보기는 내면의 생각을 언어화해서 이를 통해 자신을 계속해서 움직이게 하기 위한 과정이기도 하다.

5장

'돌아보기'로
더욱 성장하기 위해서

SNS에 업로드한다

요즘 사람들은 SNS로 자신의 생각과 일상을 드러낸다. 1줄 일기와 라이프라인차트로 돌아보기를 하는 습관이 들었다면 이를 응용해 SNS에 깨달음을 업로드해보는 것도 좋다.

나는 1줄 일기로 돌아보아 얻은 작은 깨달음을 페이스북과 트위터에 올린다. 가령 '온리 원이 중요하다'는 생각이 들었다면 그 생각을 글로 적어 올린다. SNS에는 기승전결 없이 메모를 적듯 깨달은 것에 대해 쓴다. 하루에 여러 번 글을 올릴 때도 있다.

그런 작은 깨달음을 올리다 보면 깨달음이 결정(結晶)이 된다. 그것이 어느 정도 쌓이면 블로그에 조금 길게 정리해도 좋다.

SNS에 글을 올리는 것의 장점은 크게 세 가지다.

첫째, 다른 사람에게 내 글을 보여주려면 스토리에 모순이 없어야 한다. 따라서 자기 안에서 정리하게 된다. '이건 논리의 비약이야', '그래서 어쩌라는 거냐고 느낄 수 있으니 좀 더 생각해보는 것이 좋겠다' 하고 생각을 정리하게 된다. 그 과정에서 내가 어떤 것을 말하고 싶었는지에 대한 깨달음이 강화된다.

둘째, 나의 글을 공개하면 '좋아요!'나 댓글 같은 피드백을 얻을 수 있다. 다른 사람이 쓴 댓글 중에는 생각지도 못한 시점에서 바라본 댓글도 있다. 댓글에 답을 달다 보면 대화가 이루어지게 되고, 그로부터 깨달음을 얻기도 한다.

셋째, 약속, 즉 다른 사람들 앞에서 선언하는 것과 같은 효과가 있다. 흔히 다이어트나 금연을 할 때 먼저 주변에 그 사실을 말해서 할 수밖에 없는 상황을 만드는 것과 같은 것이다.

다음 페이지에 실린 것은 내가 페이스북에 올린 글이다.

'이런 깨달음이 있었다'는 배움, '그러니까 이런 식으로 살자'는 결심, '이것을 다른 사람들은 어떻게 생각할까?' 하는 물음, 그리고 자신의 이념에 이를 적용시키는 것을 의식해 쓰고 있다.

1줄 일기나 라이프라인차트와 마찬가지로 SNS에 글로 쓰는 것으로 '나의 생각은 이랬구나' 하고 의식할 수 있게 된다.

최근에는 매일의 깨달음은 SNS에 쓰고, 큰 깨달음은 책에 쓰는 경우도 많아졌다. SNS 사용법에는 정답이 없다. 그러니 자기만의 형식을 만들어 습관화하면 된다.

연설자로서, 강사로서

이토 요이치
4시간 전 · ◉

강연과 연수를 마친 후 여러분의 표정이나 수강 후 설문조사를 보면, 여러분이 귀중한 시간을 보냈다는 것을 알 수 있고, 내가 그 촉매가 된 것을 실감한다.
LINE으로 진행한 라이브의 감상도 꼼꼼히 읽었다. 하길 잘했다고 생각했다. → (오늘 있었던 일)
플러스에서 사내 직원들을 대상으로 시작한 것이 10년 전. → (과거를 돌아본 지금)
글로비스 강사가 된 것이 7년 전.
소프트뱅크 유니버시티의 강사가 된 것이 6년 전.
KDDI mugen Labo(통신기업 KDDI에서 도입한 벤처육성 프로그램-옮긴이)를 시작으로, 다양한 프로그램으로 프레젠테이션 트레이너를 시작한 것이 6년 전.
Yahoo!아카데미아에서 사람들 앞에 서기 시작한 것이 5년 전.

온라인 클래스를 시작한 것이 5년 전.

자신이 수강하기 시작한 것이 4년 전.

첫 번째 책이 출간된 것이 2년 전.

그것을 토대로 다른 건을 포함해 1년간 297회, 강단에 선 것이 2년 전.

10년 만에 드디어 형태가 잡히기 시작했다.

나는 이 일이 뮤지션으로서 관중과 함께 보내는 꿈과 같은 시간이라고 생각한다.

록밴드 RC석세션의 히비야 야외음악당 라이브 공연에 갔다가 인생이 바뀐 히무로 교스케(일본의 가수 - 옮긴이) 같은 사람이 많이 생겼으면 좋겠다는 생각을 한다.

인생이 바뀌지 않아도, 오늘 라이브 공연을 보고 눈물이 났다, 내일부터 다시 힘내자, 라고 생각해주는 사람이 많았으면 좋겠다.

그러므로 나의 경쟁자는 세계적 록밴드 U2의 리더 보노, 롤링스톤즈의 믹 재거, 퀸의 프레디 머큐리다. → (깨달음)

이렇게 생각하니 아직 갈 길이 멀다.

미스터 칠드런(일본의 4인조 록밴드 - 옮긴이)의 〈꼭 안고 싶어〉는 6만 장이 팔렸다.

〈Replay〉는 8만 장이었다. 하지만 그 후에 나온 〈Cross Road〉는 100만 장이 팔렸다.

그에 비해 나의 첫 책은 전자책을 포함해 45만 부가 팔렸다. 아직 멀었다.

관객 동원 면에서 봐도 그들은 돔 공연 1회에 5만 명. 나는 홀 강연 1회에 50명이다.

그러나 내가 그들이 데뷔 전 파티에서 퀸의 Keep Yourself Alive를 라이브로 불러 '소문이 자자한 엄청난 녀석들'이란 인식을 심어주었던 것만큼의 존재가 된 것을 실감한다.

보다 많은 사람에게, 보다 멀리. 보다 깊게. → (이념)

더 많은 사람이 더 많이 웃게 만들고 싶다.

메시지로, 그리고 장소의 힘으로 웃음이 넘쳐흐르는 세상이 되는 데에 공헌하고 싶다.

그렇게 하기 위해 전체의 주제와 스토리, 그 흐름, 공연 목록이라는 전체감과 한 곡 한 곡의 리듬, 사이, 시간, 순간의 말투, 그 외, 전체에서 세부에 이르기까지 편집병이라 불릴 만큼 나의 고집을 밀고 나가 멋진 자리와 시간을 만들어갈 것이다.

 좋아요   댓글 달기   공유하기

대화를 한다

'1줄 일기'로 돌아보기를 하는 것에 익숙해지면 거기서 얻은 깨달음을 다른 사람에게 말해보는 것도 좋다. 대화는 깨달음을 더욱 명확히 하는 데 도움이 된다.

야후에서는 1on1(원온원) 미팅을 한다. 1주일에 1회, 30분 정도 매니저와 멤버가 일대일로 대화하는 것이다.

1on1 미팅이라고 하면 '상사'가 '부하'를 지도하는 것이라고 생각하는 사람이 많을 수 있다. 물론 그런 면도 있지만, 그보다 중요한 것은 정기적으로 상대의 이야기를 들을 수 있다는 점이다. 만일 당신이 근무하는 회사에 1on1 미팅 제도가 있다면 그

것을 활용해도 좋지만, 친구, 동료, 가족과 대화하는 것도 좋다.

1줄 일기를 써보면 알 수 있는데, 언어화는 그 자체가 깨달음의 과정이다. 머릿속으로 생각할 때는 완벽한 논리인 것 같아도 일단 그것을 말로서 재구성해보면 군데군데에 모순점과 지나친 비약이 있는 것을 깨닫는다.

나도 1on1 미팅을 많이 해왔는데, 흥미롭게도 말하다 보면 말하는 본인이 스스로 깨달음을 얻게 된다.

인간은 무언가를 말해야 한다는 생각이 들면 강제적으로 언어화한다. 그리고 말하면서 '앗, 이건 앞뒤가 맞지 않네' 하고 깨닫고 궤도를 수정하거나 스토리에 정합성이 있어야 한다고 생각해 구조화한다.

또 하나, 어쩔 수 없는 일이지만 인간의 사고(思考)에는 버릇이 있다. 자신이 모르는 사이에 그 버릇대로 생각해 벽에 부딪쳐 문제를 쉽게 해결할 수 없는 경우가 있다. 그때 '왜?', '왜 그렇게 생각했어?'라는 소박한 질문을 받으면 자신의 사고 습관을 깨닫고 궤도를 수정할 수 있다.

나는 사내의 1on1 미팅과는 별개로 정기적으로 친구에게 말상대를 부탁한다. 친구는 아침과 점심을 같이 먹으면서 오로지

나의 이야기를 들어준다. 친구가 얼마나 나의 일을 이해하고 흥미를 갖는지는 모르지만 맞장구를 치고 들으면서 가끔 '왜 그렇게 생각했어?'라고 질문해준다.

　이러한 시간을 통해 더욱 깊게 사고할 수 있게 된다. 그렇기에 이 시간은 나에게 매우 중요한 시간이다. 가까운 동료나 친구가 있으면 '밥 살 테니 시간 좀 내줄래?' 하고 정기적으로 부탁해보면 어떨까.

1인 합숙을 한다

1줄 일기를 들고 1인 합숙을 하는 것도 좋다. '큰 돌아보기'를 하기 위한 합숙이다.

나는 1년에 몇 차례 시내 근교의 호텔이나 리조트에 틀어박혀서 자주적으로 1인 합숙을 한다. 20대, 30대 때보다 바쁘게 일할 수 있는 건 고마운 일이지만, 일의 양이 늘어나면 어쩔 수 없이 시야가 좁아지기 마련이다. 눈앞에 있는 일의 마감과 조율에 쫓겨 장기적인 안목으로 자신의 인생을 어떻게 살아가고 싶은지, 자신은 무엇을 하고 싶은지에 대해 깊게 생각할 여유가 없다.

바쁜 일상에 내몰려 애를 쓰기 때문에 생각할 시간을 낼 수 없다. 생각할 시간이 없으니 일의 효율은 나빠지고 더욱 눈앞의 일에 쫓기는 악순환에 빠진다.

그래서 의식적으로 일상에서 벗어나 매일의 일로부터 분리된 시간과 장소를 만든다.

달력을 보고, 요새 들어 1인 합숙을 하지 못한 것 같다, 시야가 좁아진 것 같다고 느끼면 인터넷으로 근교의 호텔을 예약해 훌쩍 떠난다.

이제 온라인 화상회의를 당연하게 여기는 시대가 되었기 때문에 컴퓨터 한 대만 있으면 어디서든 일할 수 있다. 그렇기에 더욱 떠나기가 쉬워진 것도 맞지만, 1인 합숙을 할 때는 가능한 한 일에서 멀어지도록 한다.

호텔에 체크인하면 평소와 다른 풍경을 멍하니 바라보면서 기분전환을 한다. 그런 후에 1줄 일기와 라이프라인차트를 다시 읽으며 '큰 돌아보기'를 하고 중장기적 계획을 세운다. 평소에 쌓아둔 채 읽지 못했던 책을 여러 권 챙겨 가 집중해서 읽기도 한다(최근에는 교정지 확인과 자료 작성을 하기 위해 틀어박힐 때도 있는데, 이것은 완전히 다른 의미로 '호텔에 갇히는' 경우다).

1인 합숙은 자신을 정기적으로 관리하는 시간이다. 휴가를 내고 휴양지에 놀러 가는 것도 좋지만, 비일상적인 공간에서 자신의 사고회로를 정기적으로 재점검함으로써 새로운 깨달음을 얻을 수 있다.

바쁠 때는 반나절이라도 시간을 내서 멀리 나가 바다가 보이는 카페에서 작업을 한다. 과감히 장소를 바꿔 '지금의 나는 이대로도 괜찮을까' 하고 차분히 생각해본다.

1on1 미팅도 마찬가지인데, 돌아보기를 하는 시간은 성장을 위해 반드시 필요하다. 1줄 일기로 매일의 습관을 만드는 동시에 1on1 미팅과 1인 합숙의 시간을 정기적으로, 꾸준히 가지는 것이 중요하다.

일기 쓰기를 지속하는 비결

업무와 집안일이 바쁘면 매일 일기 쓰는 것이 힘들 수 있고, 쓰는 것을 깜빡 잊어버릴 수도 있다. 밤늦게 퇴근해 집에 오면, 오늘은 피곤하니까 내일 쓰자는 유혹에 사로잡힌다. 나도 그렇다.

하지만 분주함에 얽매여 돌아보기를 하지 않으면 오히려 눈앞의 일에 쫓겨서 더욱 바빠지는 악순환에 빠진다. 나는 넌더리가 날 만큼 그것을 경험했다.

눈앞의 일을 열심히 하는 것은 중요하다. 그러나 자신을 조감해서 지금 이대로 괜찮을지, 깊이 생각하는 시간이 없으면 허둥지둥 바쁘게 뛰어다닐 뿐, 아무런 결과도 내지 못하거나 길을 잃게 된다. 그 두려움을 아는 사람은 계속할 수 있다. 돌아보기를 하면 우선순위와 해야 할 일이 보이기 때문에 그것에 초점을 맞춰 움직일 수 있다.

단숨에 스스로를 바꾸고 성장시킬 수 있는 방법은 없다. 자신을 믿고 과거를 돌아보면서 자신을 이해하고, 미래를 생각할 시간을 만드는 것. 이를 반복하는 것이 중요하다. 1on1 미팅도, 1줄 일기의 돌아보기도, 라이프라인차트를 사용한 큰 돌아보기도 마찬가지다.

2019년에 나는 강연 등으로 270여 차례 사람들 앞에 섰고 두 권의 책을 출간했다. Yahoo!아카데미아 학장으로서 연수를 진행하고, ZOZO(패션 통신판매 사이트 'ZOZOTOWN' 등의 서비스를 운영하는 회사-옮긴이), 아스쿨(사무용품을 중심으로 하는 통신판매 회사-옮긴이), 잇큐(고급 호텔, 고급 여관 전문 예약사이트를 운영하는 회사-옮긴이) 등 Z홀딩스 각각의 회사와 합동으로 하는 'Z아카데미아'의 수업도 담당하고 있다. 동시에 무사시노대학의 학부 설립을 위해 분주히 움직이고 있다. 돌아보기를 하는 습관이 몸에 배었기 때문에 30대, 40대 때보다 바쁜 매일 속에서도 열심히 생활하고 있다.

매일 지속하기는 어렵다고 생각하는 사람도 있을 것이다. 하지만 바쁘다고 양치질을 거르는 사람은 많지 않을 것이다. 그만큼 습관화가 중요하다.

익숙해지면 깨달음의 수도 늘어나 자신의 성장을 실감할 수 있어서 즐겁지만, 처음에는 자신의 행동, 그리고 감정과 마주해야 하는 것으로 인해 불쾌해지는 경우도 있다. 하지만 지금까지 분주함에 쫓겨 성장을 위한 양식을 간과해왔던 건 아닐까? 같은 실수를 반복하고 싶지는 않을 것이다.

지금껏 연수와 강연 등에서 몇 백, 몇 천 명 앞에서 '돌아보기가 중요하다'고 강조해왔다. 하지만 이를 직접 행동으로 옮기는 것은 그 가운데 극히 소수다. '해보고 싶지만 바빠서 시간을 낼수 없다'는 사람이 대부분이다. 시작하고 나서 3개월 후까지 지속하는 사람은 더더욱 극소수일 것이다. 하지만 그런 사람들이 달라져가는 모습을 나는 직접 목격해왔다.

이 책을 읽고 매일의 돌아보기가 자신을 성장시키는 유일한 특효약임을 깨달았다면 속은 셈 치고 실천해보자. 매일 돌아보기를 우직하게 반복하는 것만이 '상식의 틀에서 벗어나 성장으로 갈 수 있는 유일한 길'이다.

습관화는 강력한 아군이다. 일단 매일의 일과로 습관화하면 아무리 바쁘고 다른 일이 있어도 시간을 내서 하게 된다. 하는 것이 당연해진다.

미래를 만드는 것은 '지금의 자신'이다

일기에 쓴 것을 활용하는 방법

인간은 사회 속에서 살아간다.

가령 당신이 직장인이라면 회사의 규칙에 따라야 하고, 상사가 지시한 일은 해야 한다.

비단 회사만이 아니다. 가족이 있으면 번 돈을 1원도 남기지 않고 몽땅 자기 취미에 쓰거나 마음대로 외박해 목적도 없이 어슬렁거리기는 힘들다. 또 쓰레기를 버릴 때도 시나 구에서 정한 규칙을 지켜야 한다. 무인도에서 혼자 제멋대로 사는 거라면 모를까 사회 속에서 사는 이상 다양한 규칙을 지키며 사는 것이 인간이다.

이는 사회에서 살기 위해 필요한 것이다. 하지만 규칙에 따라 사는 것이 나에게 있어 행복인가 하면, 이는 또 다른 이야기다. 사회의 규칙과는 별개로 나 자신이 존재하기 때문이다. 자신이 하고 싶은 것과 사회와의 관계. 어느 한쪽만이 아닌 둘의 균형을 유지하며 살아가는 것이 인간이다.

그러나 사회생활을 하는 많은 사람들은 사회와의 관계를 우선하곤 한다. 아침에 일어나 출근해서 상사가 지시한 일을 한다. 고객과의 미팅에서 '내일까지 제안서를 정리해 달라'는 숙제를 받으면 서둘러야 할 다른 일이 없는 한 야근을 해서라도 기한을 맞춘다. 날씨도 좋고, 정시에 퇴근해 가볍게 한잔 하려던 생각은 억눌려 어디론가 사라진다.

물론 이것도 성과를 내기 위해서 필요할 수 있다. 사회와의 연계를 의식한 행동만 우선하다 보면 상사와 가족, 세상 사람들에게 칭찬받아 사회적인 평가는 높아질 수 있다. 그러나 자신이 무엇을 하고 싶고, 어떤 때 행복을 느끼는지는 점점 무시하게 된다.

그렇게 되지 않도록 자신을 잃지 않고 유지하는 것이 '리드 더 셀프'의 첫걸음이다.

'사회적으로는 이래야 하지만 솔직히 말해 내 생각은 다르다', '사회를 위해서도 이것은 해두는 것이 좋다'와 같이 양쪽의 가치관을 오가는 것은 자신과 사회를 양립시키는 건전한 방법이라고 생각한다. 이때 '자신'에 대해 생각할 수 있는 것은 오로지 자신뿐이다.

사회는 내가 걱정하지 않아도 충분히 강한 힘을 가지고 있다. '마감일을 지켜 달라', '쓰레기는 정해진 요일에 버려 달라', '매일 아침 회사에 와 달라' 등. 사회로부터의 요청은 가만히 있어도 매일 샤워기의 물처럼 쏟아진다.

그러나 나를 관리할 수 있는 것은 나뿐이다. 내가 무얼 하고 싶은지, 어떤 때 기쁜지 이해해주고 그것을 해줄 수 있는 것은 어른이 된 지금에 와서는 나밖에 없다.

내가 20대였을 때 정신적으로 힘들었던 이유에는 일을 제대로 하지 못했다는 것도 있었지만, 사회와의 관계에 휘둘리기만 하고 자신이 무얼 하고 싶은지에 대해서는 진심으로 생각해보지 않았던 것도 있다.

돌아보기를 거듭하면서 자신의 축을 발견하고, 나의 인생을 걷는 것이 이렇게 멋진 일이라는 사실을 깨닫고 나니 한 걸음씩 내디딜 수 있게 되었다.

리더십에서 필요한 것은
'양보할 수 없는 자신의 생각'을 아는 것이다

전인격 리더십 교육기관 ISL_{Institute for Strategic Leadership}을 창설한 노다 도모요시(野田智義)의 저서 《리더십의 여행》 중에 이런 설명이 있다.

Lead the Self(자기 자신을 이끌다)
Lead the People(사람들을 이끌다)
Lead the Society(사회를 이끌다)

일반적으로 리더라고 하면 많은 사람들을 이끌며 선두에 서는 사람을 떠올린다. 혹은 마틴 루서 킹 목사처럼 비전을 갖고 세계를 바꾸려는 리더를 떠올릴 수도 있다. 그 경우는, Lead the People(사람들을 이끌다), Lead the Society(사회를 이끌다)에 해당한다.

하지만 어떤 리더든 그 사람 뒤에 처음부터 많은 사람들이 있었던 것은 아니다. 지금은 아직 눈앞에 없는 미래를 향해 걷기 시작하자. 처음에는 한 사람의 걸음에 불과하지만 혼자서라도 하고 싶은 생각에 걸음을 뗀 순간부터 모든 것이 시작된다.

즉, 리더십의 근간은 '리드 더 셀프Lead the Self', 자기 자신을 이끄는 것이다.

그렇다면 어떻게 리드 더 셀프 상태가 될 수 있을까. 자기 안에 있는 '포기할 수 없는 생각'을 깨달아야 한다.

킹 목사는 인종차별 문제를 바로잡아야 한다는 포기할 수 없는 생각을 가지고 있었다. 물론 그 정도로 큰 생각이 아니라도 된다. '이것만큼은 포기할 수 없다', '반드시 실현하고 싶다'는 내면의 생각을 깨닫고 행동으로 옮기기 시작하는 것. 그것이 리드 더 셀프다. 자신이 걷기 시작해야 비로소 뒤를 따르는 사람이 나타난다.

중요한 것은 자신이 하고 싶은 것에 스스로가 열광할 수 있는

가이다. 즉, 꾸준히 돌아보기를 해서 절대로 포기할 수 없는 생각을 명확히 하는 것이 리더로서 가장 중요한 첫걸음이다.

 ## 못 본 척하지 말고 '높은 이상'과 마주한다

돌아보기는 때로 힘든 작업이다. 평소에도 자기혐오를 느끼는 나는 돌아보기를 할 때마다 현실과 마주하게 되어 고개를 돌리고 싶어진다.

답답하니까 1줄 일기에는 쓰지 말자. 친구와 술이라도 마시며 즐거웠던 일만 쓰자. 이런 식으로 생각하는 날도 있다. 하지만 답답한 것은 무언가를 느끼기 때문이다. 그것은 부러움일 수도 있고, 용서할 수 없는 억울함일 수도 있다. 거기에는 자신이 중시하는 가치관이 있을 것이다. 보고도 못 본 척하면 성장할 수 있는 기회를 놓쳐버린다.

이와 같은 돌아보기를 매일 반복하면 성장하고 있다는 것을 실감할 수 있다.

나는 이기적이라서 가령 30명이 나의 강연을 들어주었다면 그것을 계기로 30명의 인생이 좋은 방향으로 바뀌기를 바란다. 이는 물론 나의 바람일 뿐이다.

강연장의 분위기가 좋아서 '좋은 시간이었다', '고맙다'는 인사를 받으면 그것으로 만족해야 하지만 '나의 강연을 들어준 분들의 인생을 바꾸지는 못했다'는 자기혐오에 빠진다. 자신이 전달하고 싶은 생각을 전부 말로서 표현하지 못했다는 안타까움도 있다.

예전에는 그런 자기혐오를 보고도 못 본 척했다. 하지만 지금은 1줄 일기에 써서 직시한다.

자기혐오는 돌아보기의 힘이 되고, 깨달음을 준다. 그리고 돌아보기와 행동을 통해 내일을 위한 긍정적인 힘을 만들 수 있다. 그 과정을 반복하다 보면 자신이 조금씩 성장하는 것을 실감할 수 있게 되고 선순환이 만들어진다.

시작이 늦어도, 다른 사람보다 느려도, 매일 성장을 실감할 수 있다면 언젠가는 좋은 결과를 낼 수 있다고 믿고 노력할 수 있다. 당장은 할 수 없어서 억울하고, 부러워서 질투심이 나도 절대 눈을 돌려선 안 된다. 그 모든 것이 자신을 성장시키는 재료, 성장을 위한 식량이 된다.

무엇보다 매일 자신의 성장을 실감하니 '이렇게 성장하고 있으니 아마 언젠가는 평화로운 세계를 만들 수 있을 것'이라고, 이렇다 할 근거도 없는 믿음이 생긴다. 자기혐오를 직시하면서 매일 돌아보기를 하면 그런 자신감과 자존감이 생긴다.

속도를 높여 뛰지 않아도 된다. 서두를 필요 없다. 눈앞의 일에 쫓겨 돌아보기를 할 시간이 없을 수 있다. 하지만 그 눈앞에 있는 경험이야말로 자신을 성장시키는 양식이다.

가족과의 대화, 출퇴근 시간의 풍경, 어제 한 일, 오늘 하는 일. 이러한 경험을 두 번 세 번 활용하면 반드시 성장한다. 일상 속의 경험을 얼마나 효과적으로 사용할 수 있는지가 중요하다. 보고도 못 본 척 흘려버려선 안 된다.

한 걸음 내디뎌 행동하고, 돌아보고, 깨닫는다. 이를 반복해 쌓아가다 보면 그 끝에 내일의 자신이 있다.

부디 자기만의 1줄 일기 쓰기부터 시작해보자.

맺으며

이 책에서 '돌아보기와 깨달음'을 지겨우리만치 반복해 말했다. 아마 앞으로도 그럴 것이다.

이것은 학교에서의 교육으로 깨닫지 못했고, 사회인이 되어서도 한동안 깨닫지 못했으나 지금은 자신 있게 여러분에게 권할 수 있는 '성장'의 비법이다.

학생 시절, 그리고 젊은 은행원 시절의 나는 '무언가를 배우는 것 = 암기하는 것'이라고 착각하고 있었다. 그래서 책을 읽고 강의를 들으면 '일단 외우자'고 생각했다. 고등학교 기말고사에서는 그렇게 해서 좋은 점수를 받을 수 있었다. 사회인이 되어서도 그렇게 했다.

그리고 소극적인 성격이었던 탓에 제대로 행동하지 못했고,

행동하더라도 자기혐오에 빠지니까 돌아보기를 하지 않았다.

하지만 그래서는 성장하지 않는다.

책에서 소개한 방법으로 '돌아보기와 깨닫기'를 반복하다 보니 차츰 성장하게 되었다. 스스로 분명하게 알 수 있다. 성장이란 이런 것이라는 사실을 매일 실감할 수 있게 되었다. 그러니 여러분도 이 감각을 깨닫고 도전해서 끈기 있게 지속하기를 바란다.

아마도 성장하는 사람은 모두 이 사이클을 반복하고 있을 것이다. 크게 의식하지 않는 사람도 있을 텐데, 그런 사람은 무의식적으로 이를 할 수 있는 것이다.

이 사이클은 학교에서는 가르쳐주지 않는다. 그렇기 때문에 더욱더 모두에게 알려주고 싶다. 많은 사람이 1줄 일기를 통해 돌아보기를 습관화하기를 바란다. 그리고 이를 통해 자신의 성장을 기뻐하고 즐겼으면 좋겠다.

나에게는 아무것도 없었다.

무슨 이유에서인지 입시 공부는 열심히 했다. 왜인지는 모르겠다. 하지만 그게 전부였다. 그래서 사람과의 대화에도 서툴렀고, 행동으로 옮기는 것도 잘하지 못했고, 리더십도 부족했고 자신을 성장시키는 것도 쉽지 않았다. 정신적으로 힘들 때도 있었다.

어려움 속에서 한 걸음 한 걸음 시도하고 행동하고 언어화하면서 나름대로 배우고 성장해 혐오감에서 벗어났다. 그 과정을 이전의 저서에서 소개했고, Yahoo!아카데미아와 글로비스, 그리고 강연과 연수를 통해 사람들에게 알렸다. 책을 읽거나 강의를 듣는 사람들에게 '괜찮다, 달라질 수 있다'는 메시지를 전달하고자 했다.

어떤 의미에서 그것은 그 무렵 아무것도 할 수 없어 힘들어했던 자신에 대한 메시지이기도 하다.

이 책도 똑같다.

'괜찮다, 이렇게 하면 분명 성장할 수 있다'는 것을 그 당시의 자신에게 말해줌과 동시에 독자 여러분에게도 알려주고 싶다. 힘들어하던 당시의 내가 성장 사이클을 지속할 수 있게 된 것처럼 독자 여러분도 성장의 기쁨을 맛보았으면 좋겠다. 여러분의 웃는 얼굴을 보는 것. 그것이 나의 바람이다.

어떤 사람에게는 당연한 이야기일 수도 있다. 하지만 나는 돌아보기와 깨닫기의 소중함을 몰랐다. 나와 마찬가지로, 꿈을 갖고 애를 쓰면서도 어떻게 해야 좋을지 모르는 사람이 이 세상에 있는 한 나는 언제까지고 메시지를 전할 것이다.

나의 분신과도 같은 이 책을 출간할 수 있게 되어 진심으로 행복하다.

한 사람이라도 많은 사람에게 꼭 전달하고 싶다.

괜찮다. 걱정할 것 없다. 1줄 일기를 꾸준히 쓰며 돌아보기를 계속하자.

이토 요이치

참고문헌

- 〈일본인 메이저리거의 군상 – 이치로 2년째의 진가(日本人メジャーリーガーの群像 イチロー 2 年目の眞價)〉– NHKBS1, 2003년 1월 방송분
- 〈신체지 획득 도구로서의 메타인지적 언어화(身体知獲得のツールとしてのメタ認知的言語化)〉– 스와 마사키 저, 인공지능학회지 20권 5호, 2005년
- 《사람은 누구나 다중인격(人は、誰もが「多重人格」 誰も語らなかった「才能開花の技法」)》– 다사카 히로시 저
- 《리더십의 여행(リーダーシップの旅)》– 노다 도모요시, 가나이 도시히로 공저
- 《손정의 – 사업가의 정신(孫正義 – 事業家の精神)》– 이노우에 아쓰오 저
- 《WHY로 시작하자! 인스파이어형 리더는 이 점이 다르다(WHYから始めよ! インスパイア型リーダーはここが違う)》– 사이먼 사이넥 저
- 《'이치로의 성공 습관'에서 배우다(「イチローの成功習慣」に学ぶ)》– 고다마 미쓰오 저

MEMO

MEMO

옮긴이 홍성민

성균관대학교를 졸업하고 교토 국제외국어센터에서 일본어를 수료하였다. 현재 일본어 전문 번역가로 활동 중이다.
옮긴 책으로 《최고의 휴식》, 《회사습관병》, 《잠자기 전 30분》, 《세계사를 움직이는 다섯 가지 힘》, 《물은 답을 알고 있다》, 《인생이 빛나는 정리의 마법》, 《당신이 선 자리에서 꽃을 피우세요》, 《앞으로도 살아갈 당신에게》, 《무슨 일 있으면 톡하지 말고 편지해》 등이 있다.

1일 1줄 일기

초판1쇄 인쇄 2021년 9월 9일
초판1쇄 발행 2021년 9월 23일

지은이 이토 요이치
옮긴이 홍성민

발행인 조인원
편집장 신수경
편집 김민경
디자인 디자인 봄에
마케팅 안영배 신지애
제작 오길섭 정수호

발행처 (주)서울문화사
등록일 1988년 12월 16일 | 등록번호 제2-484호
주소 서울시 용산구 한강대로43길 5 (우)04376
편집문의 02-799-9346
구입문의 02-791-0762
이메일 book@seoulmedia.co.kr

ISBN 979-11-6438-973-5(03320)